엄마니까
불안해!

엄마니까 불안해!

- 대치동에서 캐나다 유학까지! 워킹맘으로 살아남기 -

2024년 11월 25일 초판 1쇄 발행
글 채은 편집 정설아 디자인 김헌기
펴낸이 우현옥 펴낸곳 책고래 등록 번호 제2015-000156호
주소 서울특별시 서초구 강남대로12길 23-4, 301호(양재동, 동방빌딩)
대표전화 02-6083-9232(관리부) 02-6083-9234(편집부)
홈페이지 www.dreamingkite.com / www.bookgorae.com
전자우편 dk@dreamingkite.com
ISBN 979-11-6502-196-2 03370

엄마니까
불안해!

대치동에서 캐나다 유학까지!
워킹맘으로 살아남기

채은 글

차례

4장. 내가 잘 키울 수 있을까?

프롤로그 다시 태어나도, 불안하지만 나는 노력하는 엄마

1750g의 작고 가냘픈 아이를 세상에 내놓으며 나는 '엄마'가 되었다. 아이를 키우는 것은 결코 만만하지 않았다. 맞벌이 부부로, 워킹맘으로 치열하게 살면서 육아 도우미 '이모님'들의 도움으로 겨우 일상을 지켜 냈다. 해외 출장을 갈 때면 친정 부모님에게 SOS를 치기도 했다. 일하는 다른 엄마들과 마찬가지로 죄책감은 나의 기본 값이었고, 아이가 동생을 원해도 더 이상의 출산과 육아는 생각조차 하지 못했다. 나의 일상은 서서히 답 없는 불안으로 가득 차올랐다.

이제 겨우 사춘기 아이 하나를 키우고 있을 뿐이고, 아직 갈길이 먼 엄마인 까닭에 글 쓰기를 무척 망설였다. 오랜 고민 끝에 15년 간의 내 이야기를 친하고 아끼는 후배에게 경험담을 들려주듯, 편안하고 부담 없이 전하면 어떨까 싶어 차근차근 글을 써 내려 갔다.

나는 육아 전문가도 아니고 교육 전문가는 더더욱 아니다. 그저 아들 한 명을 15년 동안 좌충우돌, 고군분투하며 키운, 양질의 교육과 다양한 인생 경험을 중요하게 생각하는 불안한 엄마일 뿐이다. 나처럼 아이를 키우며 고민하고 걱정하는 수많은 '불안한' 엄마들에게 용기와 격려를 공유하고 싶어서 이 글을 썼다. 세상에는 수많은 길이 있고 정해진 길만 있는 건 아니라는 이야기도 하고 싶었다.

이 책에는 내가 처음 영어 유치원으로 시작해 대치동 학원가에 아이를 보내게 된 계기부터, 제주 국제 학교로 입학시키게 된 뒷이야기, 그리고 다시 캐나다로 데리고 가서 조기 유학을 시킨 에피소드들이 담겨 있다. 교육 외에도 아이를 어떻게 키우는 것이 현명한 방법인가에 대한 고민과 좀 더 멋진 어른으로 성장시키기 위한 내 나름의 노력과 시행착오, 경험담을 썼다.

엄마의 역할은 아이를 좋은 학교에 보내 전문직을 가진 어른으로 키우는 것에만 국한되어 있는 게 아니다. 오히려 그보다는 내 아이가 만들어 갈 더 나은 세상과 만나게 될 향기로운 인연을 생각하며 아이를 '괜찮은 인간'으로 키우는 데 있다.

　나의 글은 주관적인 경험이자 아직 미완성인, 현재 진행형의 이야기다. 아이를 키우는 데 정답은 없다. 세상에 엄마가 백만 명이라면 백만 개의 경험과 사연 끝에 백만 명의 아이들이 있을 뿐이다. 그러므로 나의 이야기는 매우 사적이면서도 불안하며, 개인적인 의견임을 미리 일러 둔다.

　끝으로 이 책을 통해, 나보다 먼저 글 쓰는 세상에 입문해 소설가로 데뷔한 아들에게 무한한 사랑을 전하고 싶다. 그리고 온갖 정성으로 아이를 함께 키우고 있는 '육아 동지' 남편에게 감사한 마음을 보낸다. 이 불안한 딸을 세상에 보내 주신 부모님께도.

1부
불안한 엄마의
교육 편

1장
사교육 메카 대치동,
불안과 욕망 사이

영어 유치원, 보내야 하나 말아야 하나

6세 아이를 둔 워킹맘 미연 씨는 옆집 엄마가 '영유'를 보낸다는 말을 듣고 요즘 고민하고 있습니다. 영어 유치원을 보낸다면 어떻게 선택해야 할까요? 일반 유치원을 선택하는 것이 더 낫지 않을까요?

내 아이의 사회생활은 꽤 일찍 시작되었다. 백일이 지나자마자 도우미 이모가 육아를 전담했지만 혹시라도 사회화가 더딜까 싶어, 14개월부터는 아파트 단지 내 구립 어린이집에 오전과 낮 시간 동안 등원시켰다. 임신하자마자 대기 리스트에 올려두어야 할 만큼 인기가 많은 곳이었는데, 운 좋게도 돌이 지나자 자리가 생겼다고 연락이 왔다. 아이는 그곳에서 기본적인 단체 생활의 매너를 배웠다. 선생님 말씀 잘 듣기, 밥 먹을 때 숟가락 사용하기, 줄 서기와 화장실 가기 등. 그러나 어린이집은 보육 시설이라 학습적인 면에서 특별한 것을 기대할 수 없었다.

우리가 살던 아파트 단지는 잠실 초입에 있었는데, 차로

5~10분이면 행정 구역상 강남구 대치동이었다. 그러나 아이를 너무 멀리 보내기에는 걱정이 되어 아이가 24개월이 되었을 무렵, 집에서 가까운 놀이 학교에 등록했다. 국내 최대 교육 회사에서 만든 놀이 학교는 시설이 참 좋았다. 교육과 놀이가 적절히 구성된 4세 반 프로그램은 만족스러웠고, 교사들도 열심이었다. 1월생 아들은 8개월 이른둥이로 태어났지만 돌이 지나고부터는 발육과 발달이 또래보다 빨랐다. 말도 빠르고 한글도 일찍 뗐다. 같은 반 원아들을 1월생부터 12월생까지 줄을 세운다면 생일이 늦은 아이들은 아직 기저귀를 차고 공갈 젖꼭지를 물고 있었다. 그러다 보니 점차 그 사이에서 아들이 손해보는 건 아닌가, 이기적인 생각이 자꾸 들었다.

그래서 놀이 학교에서 딱 1년을 채우고 아이를 강남의 영어 유치원에 보냈다. 5세 반에 들어가면 별다른 입학 시험이나 레벨 테스트 없이 등록이 가능했다. PSA라는 영어 유치원은 당시 가장 평가가 좋은 곳이었다. 지금은 영어 유치원과 영어 놀이 학교들이 다양해졌지만 10년 전만 해도 영어 학원 회사인 YBM에서 운영하는 브랜드가 제일 성업 중이었다. 그때 나는 영어 유치원과 일반 유치원 중 어디를 선택할지 고민할 겨를도 없이 주위 말만 듣고 성급하게 결정을 내렸다.

아이는 한글이 아닌 영어로 수업을 하게 된 것을 의외로 더 재미있어 했다. 5세 반 원어민 선생님은 미국 미주리(Missouri)주에서 오신 '매건'이라는 분이었는데, 상냥하고 친절해서 아이가 좋아했다. 알파벳부터 시작했지만 이내 아이는 단어 받아쓰기가 가능해지고 마침내 문장까지 쓸 수 있게 되었다. 1년 정도 영어 유치원을 다니고 나니 아이는 혼자 있을 때도 영어로 중얼거리며 놀기 시작했다. 아마 영어로 말하면 유치원에서나 집에서나 칭찬받으니 그게 좋았을 것이다.

첫 1년을 무사히 보낸 후 6세 반, 소위 '영유 2년 차'가 되었다. 두 번째 선생님은 평범한 남자 분이었는데 한 달 만에 그만두는 바람에 다른 원어민으로 교체되었다. 그 때문인지 아이는 조금씩 산만해졌다. 집에서 아이를 봐주는 이모님도 두 번이나 바뀌었기에 나는 슬슬 아이의 산만함이 걱정됐고, 도움이 될까 하여 놀이 심리 치료도 했다.

'영유 2년 차'는 사교육의 올가미였다. 같은 유치원을 보내는 엄마들끼리 아이들 하원 전후로 자주 모였는데, 그곳이 본격적인 대치동 사교육 정보 교환의 장이었다. 연산은 여기, 미술은 저기, 그리고 축구는 어디 이런 식으로 좋다는 학원 정보가 쏟아져 나왔다. 보통 영어 유치원 2년 차 단계에서는 좋은 학원 정보를 굳이 숨기지 않고 '어디 어디가 좋다던데 같이 알아보자'며 마음 맞는 엄마들끼리 친분을 쌓고 뭉친다. 이때 중요한 것은 장차 '학원 메이트'가 될 태도 좋고 착해 보이는 친구들을 확보하는 일이었다. 아무리 같은 영어 유치원에 다녀도 장난이 심하거나 또래보다 어린 행동을 보이는 아이들은 자연스럽게 배제되었다.

비슷한 수준의 학력과 경제력을 가진 부모들이다 보니 관심사 또한 같은 곳에 몰렸다. 영어 유치원을 다니는 아이들의 다음 과제는 수학이었다. 처음은 연산, 그 다음에는 사고력 수학이었다. 연산을 잘해야 수학을 잘하게 되고 두뇌를 자극하기 위해 사고력 수학도 시켜야 한다고 했다. 그런 정보와 학원의 유혹에 한 번 휩싸이니 불안의 원심력을 벗어나기 어려웠다.

영어와 수학 다음에는 각종 예체능. 공부만 잘하는 아이는 어딘가 부족할 수 있으니, 축구와 수영을 시켜야 했다. 축구는 남자아이라면 당연히 팀워크를 위해 배워야 했고, 수영은 지구력과 끈기를 갖게 도와준다고 했다. 미술도 해야 했다. 그림 대회에 나가서 최소한 동상이라도 타야 좋다고 하니 동네에서 괜찮다는 미술 학원을 보냈다. 아이가 어릴 때 예체능은 최대한 많이 시켜야 한다고 했다.

이렇게 영어 유치원은 사교육의 늪에 스스로 걸어 들어가는 입구였다. 같은 영어 유치원을 2년 정도 다니고 나니 나도 아이도 뭔가 안일해지는 느낌이었다. 계속해서 늘어갈 것 같던 영어 실력도 정체되는 것 같아 그 참에 나는 친한 엄마들과 좀 더 나은 대안을 찾기 시작했다. '영어를 잘하면 좋겠지'라는 막연한 바람은 아이가 영어로 말을 하게 되면서 읽기와 쓰기도 좀 더 잘하면 좋겠다는 욕심으로 변했다. 아이가 7세가 되었을 무렵, 대치동과 압구정동에서는 '영재형 영어 유치원'이 인기를 끌기 시작했다. 자체 영재 검사를 통해 상위 5%에 들면 입학 시험을 볼 수 있었다. 나는 주위의 카더라 통신에 휩쓸려 영어와 중국어를 같이 가르치는 '시게이트'라는 영어 유치원에 시험을 보고 아이를 입학시켰다. 영어도 버거운 상황에 중국어까지 배우니 아이는 꽤 당황스러웠을 테지만, 그때는 그게 맞다고 생각했다. 어차피 다니는 영어 유치원인데, 영어에 중국어까지 배운다면 일석이조가 되는 셈이니까.

새 유치원에서 세 달 정도 지나고 나서, 나와 함께 유치원을 옮겼던 엄마가 영어와 중국어를 같이 가르치는 커리큘럼이 생각보다 효과가 없는 것 같다고 얘기하기 시작했다. 그 엄마 말을 듣고 있자니 왠지 아이의 영어도, 중국어도 어중간해지는 것 같다는 불안감에 빠져들었다. 그래서 우리는 신흥 인기 영어 학원을 찾아 나섰고, 입학 테스트를 거쳐 '트윈클'이라는 곳으로 아이들을 옮겼다. 예쁜 교복에 새 시설, 셔틀까지 완벽했던 '시게이트'를 굳이 포기하고, '정말 잘 가르친다'는 새 학원으로 옮기며 내 아이와 그 아이는 본격적으로 대치동 학원가 가운데로 입성했다. 새 학원에서는 'Creative writing(창의적 글쓰기)'에 중점을 두고 가르친다고 차별성을 강조했다. 셔틀도 없는 작은 학원이어서 내가 출근하기 전 매일 아침 태워 주고 오후에는 라이드 아주머니 도움을 받으며 1년을 보냈다. 영어 유치원을 보내면 필요 이상으로 사교육에 대한 정보가 다른 엄마들에게서 쏟아지고, 아이의 영어 실력을 최대한 끌어올리고 싶다는 엄마의 욕망이 생겨 난다. 그래서 한군데 오래 보내지 못하고 여기저기를 기웃거리게 되는 것이다. 이 시점에서 '아는 것이 병'이 엄마들에게 번지기 시작한다.

세 번의 영어 유치원을 지나며 아이의 영어가 얼마나 늘고 고급스러워졌는지는 기억도 안 난다. 아이의 숙제 양이 어마어마하게 늘어났다는 점과 최고의 영어 교육을 향한 내 열정만 기억날 뿐이다. 물론 아이는 주어 목적어 동사가 들어간 간단한 문장을 쓰던 수준에서 한 바닥 분량으로 본인의 생각을 쓸 수 있게 되기는 했다. 그러나 그게 뭐라고. '의대 광풍'이 최근 사교육의 종착지라면 '영유'는 그 출발지로 통한다. 이미 십여 년 전부터 그래 왔다. 대치동 사교육의 늪에 빠져 더 어두운 나날들이 펼쳐질 것을 상상도 못한 채, 나와 아이는 그렇게 점점 늪의 바닥으로 가라앉기 시작했다.

영어 유치원을 보내야 하나, 말아야 하나? 아이의 첫 사교육은 이 결정에 의해 여러 갈래로 나뉜다. 나 같은 워킹맘의 경우, 자칫 아이에게 소홀해질까 불안한 마음에 주위 엄마들의 각종 정보에 더 흔들리게 된다. 내가 직접 확인하고 찾은 정보가 아니기에 다른 사람의 의견에 더 의지하게 되는 것이다. 만약 다시 그 시절로 돌아간다면, 회사를 다니는 중간중간에 짬을 내서 직접 유치원이나 학원에 상담을 다니며 직접 꼼꼼하게 알아볼 것이다. 솔직히, 다시 돌아간다면 그냥 처음 다니던 영어 유치원에 계속 보냈을 것 같다. 가장 중요한 것은 아이가 얼마나 안정적, 지속적으로 언어를 배우고 인성 교육을 받느냐인데, 오로지 '영어'에만 초점을 맞추면 내 아이에게 잘 맞는 교육 기관을 찾는 셈법이 복잡해진다. 당시 내 고민은 '영어 유치원을 보낼까 말까'가 아니라 '어떤 영어 유치원을 선택할 것인가'였으니까. 다행히, 일반 유치원이 아니라 영어 유치원에 보낸 것은 지금 기준으로 평가해 보면 내 아이에게 맞는 선택이었다고 생각한다. 물론, 10년이 훨씬 지난 지금도 가끔은 '일반 유치원에 보냈으면 어떤 것을 배웠을까? 무엇이 달랐을까?' 하는 생각을 한다. 그러나 어차피 아이를 키우는 것은 번번히 '다시 돌아간 다면'이라는 후회가 몰려오는 과정이다. 나만 그런 것이 아니라 모든 엄마들의 고민이기는 하겠지만.

엄마니까 아는 것
'워킹맘이 아이에게 맞는 유치원을 고르는 기준'

1. 규모가 큰 유치원

셔틀버스 이용이나 급식 등 모든 면에서 시스템이 갖춰져 있는 곳을 고른다. 회사에서 일이 갑자기 생겨 아이를 좀 더 유치원에 맡겨야 할 일이 가끔 생길 수도 있는데, 그런 변수에 대응할 수 있는 유치원이라면 제일 좋다. 역사가 오래 되고 규모가 크다면 그만큼 크고 작은 문제가 생겼을 때 해결책을 빨리 찾을 수 있다. 5세부터 7세까지 최소 연령대별 반이 2~3개 이상인 곳이 바람직하다. 워킹맘이면 아는 엄마가 없어도 유치원을 믿고 맡길 수 있어야 한다.

2. 집에서 가까운 유치원

때로는 커리큘럼이나 시설은 마음에 드는데 집에서 너무 멀어 고민될 수 있다. 5~7세는 가까운 곳이 최고다. 셔틀이나 자동차로 20분 내외의 거리가 적당하다. 갑자기 아이가 아프거나 조퇴할 일도 발생하는 데다가, 준비물을 챙겨 보내야 할 일도 자주 있기 때문이다. 그리고 같은 유치원에 다니는 친구와 하원 후 만나서 놀게 해 주기도 편하다.

3. 교사의 자격이나 스펙 확인이 가능한 곳

일반이나 영어 유치원 모두 교사의 자격 유무가 중요하다. 유치원 연령대 아이들을 가르치고 보살필 자격이 있는지 유치원 측에서 미리 알려 주기도 하지만, 일부는 적극적으로 공유하지 않는 곳도 있다. 영어 유치원이라면 영어를 가르칠 만한 충분한 학력과 경력인지 미리 확인하면 도움이 된다.

돼지 엄마와 친해졌지만……

초등학교 4학년 우재 엄마는 워킹맘입니다. 상대적으로 교육 정보가 부족한 탓에 주위 엄마들의 정보에 의존할 수밖에 없는 상황인데, 같은 반에 '돼지 엄마'가 있어 도움을 많이 받고 있습니다. 계속 친하게 지내는 것이 좋을까요?

'돼지 엄마'라는 말을 언제부터 누가 쓰기 시작했는지는 모른다. 확인되지 않은 여러 가지 설이 있지만 기본적으로 '돼지 엄마'라 불리는 이들은 사교육에 대한 정보력이 있어서 어느 학원과 강사가 잘 가르치고 관리를 잘하는지 매우 잘 알고 있다. 마치 요즘 인기인 인공지능 챗GPT에게 질문을 던지면 바로 원하는 답과 관련 정보를 내놓는 것처럼. 이 때문에 돼지 엄마들의 한마디로 그 일대 학부모들은 어느 학원이나 강사에게 아이들을 보내야 할지 판단하게 된다. 그러다 보니 돼지 엄마들 중심으로 각종 모임이나 커뮤니티가 자연스럽게 형성된다. 대치동 학원가에서 처음 나온 이 말은 목동 돼지 엄마, 분당 돼지 엄마 등을 넘어 전국 학군지에서도 쓰이는 말이 되었지만 그래도 주로 서울과 수도권에서 두드러진다.

내 주위에도 이런 엄마가 한 명 있었다. 아들의 첫 영어 유치원 5세 반에 같이 들어간 여자아이의 엄마, K였다. K는 당시 학원용 과외 교사를 하고 있었는데, 유명한 영어 유치원이나 영어 학원 등, 그곳에서 봐야 하는 '레테'에 합격하게 준비시켜 주고, 학원 숙제도 도와주는 '대치동형 프리랜서'였다. 이름만 대면 알 수 있는 유명 연예인의 자녀들이나 대치동, 청담동의 부유한 엄마들이 K를 믿고 과외를 맡겼다. 늘 과외 일정이 꽉 차 있던 K였지만 딸의 유치원이나 학원 관리는 최우선이었다.

나는 K와 어울리며 자연스럽게 대치동 사교육의 세계로 빠져들었다. 요즘 어느 영어 유치원이 제일 잘 가르치는지, 학벌 좋은 선생들이 어디에 얼마나 많은지는 물론이고, 수업료 대비 가성비가 좋아서 수업 시간을 꽉 채워 열성적으로 가르친다거나 하는 돈 주고도 못 구하는 정보를 주워들을 수 있었다. K의 딸이 다닌다는 연산 학원에 따라가서 시험을 보고, K가 추천한 동네 논술 학원에도 아이를 등록시켰다. 돼지 엄마라 그런지 K가 주는 정보는 대부분 믿을 만했고, 실제로 내 아이도 학원에 다니며 뭔가 효과를 보는 것 같았다. 뒤돌아보면 그 엄마는 내 불안함이 타오를 수 있게 땔감을 준비해 주던 존재였다.

영어 유치원과 학원가 방학이면 우린는 시간을 맞추고 휴가를 내서 아이들을 데리고 남편 없이 태국이나 베트남, 제주도 등으로 여행을 갔다. K의 딸은 영특했다. 영어도 내 아이보다 잘했고 특히 수학 쪽으로는 머리가 남달랐다. 심지어 그림도 잘 그려서 나는 내심 K가 부러웠다. 저렇게 계속 잘 커 주면 대치동 키즈로 K가 원하는 의대에도 진학할 수 있을 것 같았다.

중간중간 K의 정보력에 홀려 영재원 시험을 보고, 대기 기간이 1년이 넘는다는 역사 수업에도 이름을 올려 두었다. 지금 생각해 보면 그때 왜 그렇게 K와 가깝게 지내며 끌려다녔나 싶기는 하지만, 그때의 나는 다른 선택지도 없는 데다 회사에 다니느라 다른 엄마들을 만나며 정보를 얻거나 비교할 상황이 아니었다. 그나마 다행인 것은 K의 딸과 내 아들이 한 번 싸우는 일도 없이 사이좋게 지냈다는 점이다. 아들의 유치원과 초등학교 저학년 시절은 K의 딸과 놀이터를 가고 키즈카페를 다니거나 학원을 오가는 시간으로 메꾸어졌다.

그러던 중, 나와 K는 사교육 사건으로 어색한 사이가 됐다. 키즈카페에서 만나 같이 놀기로 한 어느 토요일 오후, K와 또 다른 엄마 J가 나와 약속한 시각보다 한 시간 반이나 늦게 약속 장소에 나타났다. 그동안 아이는 친구도 없이 혼자 놀고 있었기에, 나는 늦게 나타난 두 집 엄마들이 원망스럽고 화가 났다. 미안해 한마디로 한 시간 반 늦은 일을 별것 아니라고 생각하는 그들의 사고방식도 이해가 안 갔지만, K의 딸이 무심코 내뱉은 말 한마디에 나는 충격을 받았다.

"여기 오기 전에 논술 학원에서 수업받았는데, 엄마랑 J 아줌마가 같이 택시 타고 온 거 얘기하지 말랬어요."

합리적으로 의심해 보았을 때 K와 J는 따로 팀을 꾸려서 유명한 논술 학원에서 수업을 들었고, 그 수업 때문에 키즈카페 약속에 늦은 상황으로 결론이 났다. 아마 내 아이는 수업을 같이 듣기에 실력이 안 된다고 생각했든지, 아니면 내가 열정이 부족하다고 여겼든지, 그들만의 타당한 이유가 있었을 것이다. 하지만 나는 배신당한 느낌에 아이들한테 거짓말까지 시킨 K가 이해가 안 갔다. 그 후 내가 사건의 진상에 대해 몇 번 더 물어봤지만 K는 끝까지 아니라고, 내 오해라고만 했다. 아직도 그날에 대한 진실은 알 수 없다. 내 아이가 친한 친구들과 함께 논술 과외 팀에도 못 들어간 상황을 더 이상 따져 물을 수도 없었기에 그냥 그렇게 키즈카페 사건은 내 기억에만 남았다.

나는 대치동에서 5년을 K와 친하게 지내며 뜨겁고 치열한 사교육의 중심지 가까이 들어갔었다. 하지만 내 아이는 영재도 아니었고 수학을 좋아하지도 않았다. 그렇다고 과학을 특별히 재미있어하지도 않았다. 대치동에서 오래 살아남으려면 수학에 재능과 끈기를 보이든가 과학 계통에 쓸 수 있는 특출한 두뇌를 장착해야 한다. 그런 아이들이 의대 진학반에 남고 과학고, 영재 학교 또는 하다못해 자사고에 진학한다. 무수히 많은 대치동 스타일의 똑똑한 아이 중 한 명이었던 내 아이는 그 어디에도 속하지 않았다. 내 아이의 '특별함'은 우리 집에서나 인정받는 가치였다.

아무나 들을 수 없고 아무나 배울 수 없는 희소성 있는 학원이 즐비한 대치동이라도, 부모들이 열 살도 안된 아이들에게 거짓말할 것을 가르친다면, 나는 기꺼이 그 특혜를 포기할 수 있었다. 나는 돼지 엄마와 친해졌었다. 교육에 대한 고민을 나누고 육아의 어려움을 공유했다. 또한 각 학년에 맞는 대치동 학원가 정보를 미리 하사받았다. 하지만 나는 대치동에서 살아남기에는 너무 자존심이 강했고 성격도 튀었다. 아이가 잘된다면 다른 것을 양보하거나 성질도 죽일 수 있어야 하는 모범적인 대치동 엄마와는 아마 처음부터 결이 달랐을 것이다. 돼지 엄마와의 관계는 필요할 때 선을 그을 수 있는 사이가 되어야 적당하다. 어차피 아이들의 학습 능력과 재능은 다르기 때문에, 각자 갈 길이 달라질 수밖에 없다. 필요한 만큼 정보를 얻되, 그 관계에 지배당하거나 정보에 잠식당하지 않도록 해야 한다. 무엇보다, 돼지 엄마가 내 불안함을 자극하고 키우지 않도록 스스로 중심을 잡고 있어야 한다.

얼마 전 K와 아주 오랜만에 연락이 닿았다. 역시 K의 딸은 대치동 한가운데 위치한 중학교에 다니며 모범생으로 잘 크고 있었다. 수학은 이미 대학교 과정을 선행할 정도로 재능을 발휘하고 있었고, 아마도 영재 학교 중 한 곳에 진학할 것 같다며 계획을 밝히기도 했다. K는 여전히 돼지 엄마답게 각종 최신 사교육 정보가 넘쳤다. K는 제주 국제 학교로 갔다가 캐나다에서 공부 중인 내 아이가 부럽다고 했다. 그게 진심인지 그냥 하는 말인지는 모르겠다. 하지만 그 다음 말은 나도 매우 공감하는 바이다.

"언니, 제주도로 잘 갔어. 대치동은 헬(hell)이야. 캐나다도 잘 갔어. 그게 언니 아이한테는 잘 맞아."

엄마니까 아는 것
'돼지 엄마에게 듣는 대치동 명문대 진학 트랙'

대치동에서 하나고와 같은 명문 전사고(전국 단위 자율형 사립 고등학교) 진학을 준비하는 학생들은 늦어도 중학교 1학년부터 구체적인 진로를 정하고 공부 방향을 잡는다. 이때부터 유명 학원 입시 컨설팅 전문가가 진행하는 '입시 설명회'를 듣는 건 필수라고 한다. 부모들은 설명회를 통해 자사고별로 추구하는 인재상, 교육 과정, 학비에 대한 정보를 얻고 아이와 잘 맞는 교육 과정인지도 파악할 수 있다.

전사고는 대체로 중학교 3년 동안 국·영·수·과 주요 과목 내신 A등급을 유지한 학생들이 지원해 각 관문을 통과하는데, 경쟁률은 매우 치열하다. 이때 돼지 엄마의 능력이 끼어든다. 주요 과목 교과 고등 과정 선행이 필수이므로 자사고 진학을 앞둔 부모들은 소수 정예, 소규모 그룹 과외를 만들기 위해 모인다. 같은 학교 전교 1, 2등이 함께 팀을 구성하지 않고 중학교에 따라 남녀가 따로, 학교가 섞이지 않게 구성되는 경우가 대부분이라고 한다.

상황이 이러니 전사고와 특목고를 준비하는 학생들은 경시 대회와 수행 평가 준비를 위한 학원도 따로 다녀야 한다. 이렇게 되면 일반고 진학을 준비하는 학생보다 사교육비가 훨씬 많이 든다.

내가 아는 돼지 엄마는 영특한 딸을 영재 학교에 보내기 위해 초등학교 4학년 때부터 수학을 위주로 사교육을 시켰다. 초등학교 저학년 때부터 의대나 로스쿨을 보낸다는 장기 계획 아래 진로를 잡았는데, 수학에 남다른 재능이 있어 이미 대학교 수준의 수학을 학원에서 배우고 있다. 이런 경우 과학고가 아닌 지역 영재 학교로 방향을 잡아 조금 수월하게 진학할 수도 있다고 한다.

전사고나 자사고, 과학고, 일반고 모두 궁극적인 목표는 명문 대학교에 입학하기 위한 길을 가는 것이니 대치동에서는 모든 것이 이 목표에 맞게 튜닝된다. 학원, 독서실(스터디 카페), 컨설팅, 건강 관리 등 자녀를 최대한 좋은 대학교에 보내기 위해 시스템이 잘 만들어져 있는 곳이 대치동이다. 어찌 보면 이미 모든 것이 다 세팅된 곳이니 투자할 여력과 의지가 있는 학부모들은 초등학교 때부터 이 동네로 모여드는 것이다.

바퀴 달린 가방을 끄는 아이

초등학교 2학년 선우 엄마는 연산 학원에 아들을 보내고 있습니다. 주위에는 사고력과 선행 등 여러 곳의 수학 학원을 보내는 엄마가 많은데, 자칫 뒤떨어지지는 않을지 걱정이 됩니다. 다양한 사교육은 정말 효과가 있나요?

나만의 주관을 가지고 아이를 키우는 것은 쉽지 않다. 주관이 없는 엄마의 교육과 양육은 불안감만 키우고 실패에 가까워질 확률이 높다. 나도 역시 예외는 아니었다.

내가 회사를 다니며 번 돈은 육아 도우미의 월급과 아이를 키우는 각종 비용으로 대부분 빠져나갔다. 아침에 아이가 일어나기도 전에 출근하고, 아이가 저녁을 먹을 때 겨우 퇴근하다 보니 아이의 건강과 교육이 점차 나에게 최우선이 되었다. 도우미 이모와 하루 종일 있으니 아이의 한국어가 더뎌질까 봐 조바심이 났던 나는 아이가 16개월이 되자마자 한글 학습지를 등록해 일주일에 한 번씩 선생님이 집으로 방문할 수 있도록 하였다.

아이는 한글을 배운지 3개월 만에 밖에서 보는 글자들을 인식하기 시작했고, 마트에 가면 떠듬떠듬 '주차장'과 '소화기'를 읽었다. 그때부터 나는 내 아이가 영재일지도 모르겠다고 착각하기 시작했다. 만약 이 글을 읽는 아이들 엄마가 나와 비슷한 경험을 했다면, 당신은 혼자가 아니다.

영어 유치원 3년을 지나 초등학교에 들어가니 영어, 수학 외에 국어가 그 다음 사교육 타자로 떠올랐다. 논술을 잘하는 아이가 나중에 중·고등학교 내신을 꽉 잡는다는 누군가의 조언 때문에 아파트 상가에서 유명하다는 논술 학원에 등록했다. 그리고 내 아이가 혹시 영재성을 가지고 있을지 모르니 기꺼이 지능 테스트를 거쳐 사설 영재 교육원에 등록했다. 아무나 다니는 곳이 아니라는 누군가의 거들먹거림에 나도 기꺼이 동참한 것이다. 그 외에 시간이 남아 창의력 레고, 한자, 중국어까지 추가했고, 아이가 초등학교 2학년이 되자 사교육 종류는 총 11개로 늘어나 일요일까지 각종 학원 스케줄로 꽉 찼다. 지금 생각해 보면 미친 짓이었다. 그래도 아이는 엄마가 하자는 대로 따라왔고 별다른 불만도 없어 보였다.

간혹 남편만이 '이렇게까지 사교육을 시켜야 하냐'며 소극적인 불평을 했다. '그렇게까지 시켜야 겨우 괜찮은 대학에 간다고 하더라'며 나는 남편을 열심히 설득했다. 마치 컬트에 빠진 광신도처럼, 대치동 학원가 언저리에 살면서 주워듣고 흘려들은 검증되지 않은 정보에 나는 오염되어 있었다. 그 즈음 이모님이 입주에서 출퇴근하는 것으로 바뀌었는데 한 명으로는 집안일과 아이까지 챙기는 것이 어려워, 아이 학원을 데려다 주는 파트 타임 이모까지 고용해야 했다. 그렇게 2년 정도를 보내고 나니 점점 자괴감에 빠지기 시작했다. 한국 사람은 한국에서 교육을 받고 한국에서 대학을 나와야 한다는 것이 나와 남편의 기본 생각이었는데, 대치동 엄마 집단이 점점 더 이상하게 보였고, 그 안에서 변두리를 맴돌고 있는 나는 한심해 보였다.

아이는 학교를 다녀오면 간식을 먹고 소위 대치동 탑 3 영어 학원으로 향했다. 주3회 몇 십 개의 영어 단어를 외우고 시험을 보며 한바닥이 넘는 영어 작문을 썼다. 수학 또한 매일 시험의 연속이었다. 최소 3년 이상 선행을 해야 잘하는 축에 든다는 소문에 안 시킬 수도 없었다.

어느 날 저녁, 나는 퇴근 후 아이가 다니는 수학 학원 앞에서 아이를 기다리고 있었다. 저녁 시간이 되자 대치동 학원가는 주차장을 방불케 하며 붉은 자동차 브레이크 등의 홍수가 되었다. 이윽고 작은 몸집의 초등학생들이 바퀴 달린 배낭을 질질

끌며 학원 앞 도로를 서성였다. 엄마를 만나는 아이, 편의점에 들러 삼각 김밥을 사 먹는 아이 등 수천 명의 학생들이 연령대별로 우르르 몰려다니며 건물과 건물 사이를 가득 메웠다. 나는 많은 아이들 속에서 내 아이를 찾느라 정신이 없었다. 그 순간, 바퀴 달린 가방을 끌며 천천히 걸어 나오는 아이가 눈에 들어왔다. 아이의 표정은 아홉 살답지 않게 무겁고 건조했다. 바퀴가 잘 끌리지 않는지 아이는 터덜거리며 어깨가 축 처진 상태로 나를 향해 걸어왔다.

영어 유치원 3년, 대치동 학원가 2년을 온전히 경험하고 나서야 나는 내가 스스로 아이의 감옥을 쌓아 올리고 있었다는 것을 깨달았다. 나는 행복하지 않았고 아이도 마찬가지였다. 내 월급은 그대로 학원비로 빠져나갔고, 아이는 무엇을 배우는지인지도 못한 채 엄마의 손에 끌려다니며 마치 어린 노예처럼 학원을 드나들고 있었다. 학원 앞에 정차된 수많은 차들의 붉은 등, 그리고 내 아이의 무거운 바퀴 달린 가방이 한곳으로 겹치며 나는 바로 이곳이 이승의 지옥이자 전쟁터임을 깨닫게 되었다.

학원 숙제를 하라고 매일 아이를 어르고 달래고 혼냈다. 학교 숙제는 없어도 각종 학원 숙제는 넘쳐났고, 한 번이라도 숙제를 거르면 학원에서 바로 경고 같은 연락이 왔다. 아이의 숙제는 곧 엄마의 책임이었고, 숙제의 완성도가 떨어지거나 단어 시험 점수가 안 나오면 그것은 엄마의 부족함을 의미했다. 돈은 돈대로 쓰면서 학원 강사나 원장의 눈치를 봐야 했고, 아이는 조금씩 메말라 가고 있었다. 모든 아이들이 대치동 학원가에서 그런 경험을 하는 것은 아니다. 엄마와 아이의 열정이 맞아 떨어져 모든 것을 완벽하게 해내는 경우도 목격했다. 그리고 그들은 나름 행복해 보였다. 하지만 나는 아니었다. 내 아이는 더더욱 아니었다. 영어보다는 만화책을 좋아하고, 수학보다는 블록 만들기에서 희열을 느끼는 아이였다. 나중에서야 아들의 사소한 거짓말이나 소심함, 눈치 보는 행동이 지나친 사교육에서 비롯됐다는 것을 알게 됐다.

좋은 엄마가 되는 과정은 아이를 객관적으로 이해하고 주위의 검증되지 않은 정보에서 주관을 찾는 것에서부터 시작된다. 내 주관 없이 남들이 좋다는 것, 특별하다는 것, 최고라는 것을 고민 없이 쫓다 보면 나도 모르게 길을 잃게 된다. 나 또한 좋은 엄마가 되려다가 정작 중요한 것을 놓치고 세상이 정해 놓은 틀에 아이를 가둬 버렸다.

가끔 내 아이보다 어린 자녀를 키우는 엄마들이 묻는다.

"대치동 학원 중에서 어떤 것이 제일 효과가 좋았어요?"

"다시 초등학교 저학년으로 돌아간다면 어떤 것을 시키고 싶으세요?"

그럴 때마다 나는 이렇게 대답한다.

"대치동 학원들이 잘 가르치는 것 같기는 한데, 내 아이에게는 별 효과가 없었나 봐요. 다시 돌아간다면 나는 책 많이 읽게 하고 운동 한 개 정도 즐겁게 하게 두고, 무엇보다 아이와 같이 놀아 주는 시간을 최대한 많이 가지고 싶어요. 수학 선행은 절대로 시키지 않을 거예요."

그리고 혼자 생각한다. 아이에게 몇 년간 들어간 학원비는 잘 모았다가 가족 세계일주나 한번 다녀올 걸 그랬다고.

엄마니까 아는 것
'대치동 탑 영어 학원 리스트'

ILE	2005년부터 운영된 대규모 영어 전문 학원. 레벨이 나눠져 있고 성적에 따라 올라가거나 내려가기도 한다. 숙제가 많은 편이지만 관리가 철저해 학부모들이 선호한다.
알파	소수정예 수업, 원장 직강이 유명함. 라이팅을 많이 신경 쓰고 숙제도 많은 편. 선생님들 첨삭이 꼼꼼하다. 한때 대

치동 top3로 평가됨.

트윈클 영어 유치원 과정부터 시작하는 유명 학원. 창의력 글쓰기와 스피킹을 중요하게 생각. 다른 학원에 비해 숙제는 적은 편이다. 초등학교 저학년에게 특히 좋다는 평이 많다.

덕스 대치동에 본원이 있고 전국적으로 지점을 늘려 가고 있는 영어 학원. 신흥 강자로 분류되는데, 4대 영역을 골고루 가르친다고 한다. 레벨을 vocabulary 수준으로 나누는데 1,000에서 25,000까지 있다고 함.

에디센 신흥 명문 학원. 다른 곳에 비해 재미있게 다닌다는 평이 많다. 4대 영역을 골고루 가르치는 분위기. 규모가 큰 편이라 시스템이 잘 되어 있음.

피아이 2006년부터 운영된 유명 학원. M, A, F 3단계로 레벨이 나뉘는데 특히 스피킹을 잘하는 학생들이 많다고 함. 토론 수업을 중요하게 생각하고 대치점과 서초점을 운영한다.

렉스킴 역사가 오래된 영어 전문 학원. 리터니들이 많이 다니고 열정적인 원장님과 원어민 교사들이 가르침. 반 레벨이 없는 것이 장점이자 단점.

'레테'를 위한 '레테 학원'이 필요하다고?

초등학교 3학년 인우 엄마는 요즘 '레테' 준비 때문에 큰 스트레스를 받고 있습니다. 들어가기 어렵다는 학원 레벨 테스트를 안 보자니 아이가 기회를 놓치는 것 같고, 레테를 보자니 기본 실력이 부족해 보입니다. 어떻게 해야 할까요?

'레테'는 그리스 신화에 등장하는 망각의 여신이자 불화의 여신, '레이스'의 딸이다. 대한민국에서 아이의 교육에 조금이라도 관심이 있는 엄마라면 그리스의 여신 '레테'는 몰라도 학원가의 '레벨 테스트'는 다 알고 있을 것이다. 2022년 기준으로 한국 학부모가 1년간 사교육비로 쓴 돈은 22조가 넘는다고 한다. 그중에서 비용이 가장 많이 증가한 학령은 초등학생이었다. 그 중심에는 엄마들이 불안해하고 초조해하는 '레테'가 있다.

대치동에서는 5세면 영어, 6세엔 수학, 7세는 국어 학원에 다니기 시작한다. 우리 아이 때만 해도 이 정도는 아니었다. 수능 1등급을 목표로 하는 영어가 모든 어린이의 필수 과목이 되면서 수학이 가세했고, 최근에는 국어 점수가 아이가 가게 될 대학교 수준을 가른다는 소문에 휩쓸려 7세도 되기 전에 국어 학원에 다닌다고 한다. 그러다 보니 대치동에서 유명한 국영수학원에 미리 자리를 확보하고 들어가고자 레벨 테스트를 따로 준비하는 경우가 많아졌다. 예를 들어 영어 유치원인 '애플트리'에 다니면서 위 단계인 '게이트' 또는 '시게이트'에 들어가기 위해 3~4명씩 따로 과외 교사를 구해 입학 테스트를 준비시키는 식이다. 수학의 경우 각 분야에 유명한 학원의 수준 높은 반에 들어가려고 미리 연산 공부를 시키거나 부족한 경우 개인 과외를 한다. 수많은, 촘촘하게 나눠진 학원의 레벨은 엄마들의 자존심 그 자체다. 5~7세 아이들을 얼마나 잘 가르치고 준비시켰는지가 영어와 수학 학원의 레벨 테스트 결과로 가려진다. 잘한다고 하는 아이들은 특정 레벨에 합격해 '그 반'에 들어가야 주위에 자랑스럽게 말할 수 있는데, 엄마들에게는 그것이 매우 중요한 과정이다.

대치동에서 시작한 수학 학원인 '생각하는 황소'의 입학 시험은 예전에 일부 수학을 잘하는, 수학 올림피아드 같은 대회를 준비하던 학생들만 보던 것이, 최근에는 일반 학생들이 모두 한 번씩은 거쳐 가는 '황소 고시', '초등 수능'이 되었다. 새 학년

3월 개강반에 들어가기 위해 치르는 시험에는 보통 4~5천 명 정도가 참가한다. 나는 아이가 수학을 그리 좋아하지 않아서 아예 생각하지도 않았던 학원인데, 공부 잘하던 아이 친구들은 당시에도 시험을 봐서 초등학교 4학년 때부터 많이들 다녔다. 5학년이 배우는 황소 수학 교재를 본 적이 있는데, 시중에 나와 있는 모든 수학 문제가 선별돼 담겨 있어서 수학을 좋아하는 학생에게는 도움이 많이 되겠다 싶었다. 요즘에는 영향력이 더 굉장해진 모양인지 맘카페에 가면 황소 시험에 붙었네 떨어졌네 하는 후기들을 많이 볼 수 있다. 그외에도 'CMS', '시매쓰', '필즈 더 클래식' 등 사고력 수학 학원들도 자체 레벨 테스트가 있고 '탑 반'을 운영하면서 아이가 미리 준비하고 공부하도록 분위기를 만들고 있다. 어떤 면에서는 황소 입학 시험 문제 유형을 미리 대비하고 수학 머리를 키우기 위해 그 아래 수준의 수학 학원들에 대한 수요가 생겨났다고도 볼 수 있다. 그리고 역설적으로 이런 사고력 수학으로는 부족해 연산과 학교 공부를 챙기는 교과 수학 학원을 따로 다니는 경우도 많다.

영어 학원은 소위 '탑 3'에서 '탑 10'까지 누가 정해 놓은지 모를 순위의 학원에 아이를 보내기 위해 엄마들도 준비해야 한다. 대치동에서는 가장 역사가 오래된 'ILE', '렉스킴', '피아이'가 유명하고, 그외에 커리큘럼이나 규모에 따라 엄마들이 선호하는 '에디센', '덕스', '트윈클' 등도 있다. 영어는 중학교 가기 전에 다 끝내야 한다는 확인되지 않은 '논리'에 충실하기 위해 5세부터 초등학교 저학년까지 아이들은 레벨 테스트를 거쳐 미국 학교에서 쓰는 미국 교과서와 토플 교재로 영어를 배운다. 대치동에서 6학년 정도 되면 토플 만점에 가까운 점수를 얻는 학생들이 많다. 실제로 제주 국제 학교에 아이가 다닐 때 대치동 유명 영어 학원과 수학 학원을 다니다 온 학생들이 학업적으로 우수한 경우를 몇 번 봤다. 대치동 학원의 파워를 새롭게 인정해야 하는 순간이었다.

모든 것에 랭킹과 점수 매기는 것을 좋아하는 한국 사람들답게, 대치동 학원에도 순위가 따라다니고 그 학원 안에서 또 여러 단계로 레벨이 나눠진다. 그러니 그 레벨을 무시하기도 어렵다. 학원을 보내면 엄마들이 '무슨 반이야?'를 서로 제일 먼저 물어본다. 제일 낮은 기초반과 탑 반 사이에 존재하는 여러 레벨들이 아이들의 수준을 어떻게 결정하고 나눈다는 것인지, 지금 생각해 보면 어이없기까지 하다. 항간에는 레벨이 높은 반일수록 더 유능하고 경험이 많은 강사를 배치한다고 한다. 남에게 어떻게 보이는지가 중요한 엄마들의 심리에 이러한 '특별한 대우'라는 소스가 뿌려지면 레벨이 높으면 높을수록 내 아이가 최고의 교육을 받을 것이라는 확신이 생길 수밖에 없다. 그리고 모든 것의 근원에는 엄마들의 말하지 못하는 대단한 불안증이 자리잡고 있다.

캐나다에 가서 아이는 딱 한 번 '레테'를 봤다. 9학년으로 새 학교에 입학했는데, 캐나다 학교 커리큘럼에 따르니 수학은 아이가 이미 다 아는 것을 배운다고 했다. 혹시 몰라 수학 선생님에게 10학년 수학으로 수업을 조정할 수 있는지 문의했다. 안 된다고 해도 어쩔 수 없는 일이었는데, 수학 테스트를 통해 가능 여부를 알려 준다고 했다. 시험은 어렵지도 꼬이지도 않은 평범한 수학 문제들로 구성됐다고 한다. 30분 정도 걸려 문제를 다 풀었고, 다음 날 아이는 10학년 수학 수업으로 상향 조정받아 새 시간표를 받았다. 10학년 수학 수업을 잘 따라갈 수 있는지 기본 실력을 점검하고 학생이 그 수업을 들을 의지와 태도가 있는지 확인했던 것이다. '레테'는 원래 그런 목적의 시험이어야 하지 않을까 생각이 들었다.

현재 상황을 객관적으로 평가해서 학생에게 잘 맞는 수업을 찾아 교육의 효율성을 높이기 위한 것이 레벨 테스트다. 그러니 '레테'를 위한 '레테'라면 의미가 없을 텐데, 한국 엄마들은

'레테' 그 자체를 위해 고난의 행군을 하고 있다. 학원에서 조금이라도 상위 반을 배정받기 위해, '레테'를 잘 보기 위해 '레테학원'을 보내거나 과외를 받는다. 일부러 또는 억지로 만들어 낸 내 아이의 레벨이 아니라 진짜 레벨을 찾기 위해 엄마의 고민과 노력이 필요하다. '레벨'에 내 아이를 맞추는 것이 아니라 내 아이에게 맞는 레벨을 찾아 맞추는 것이 엄마의 할 일이기 때문이다.

대치동발 사교육 불안증, 엄마를 노린다

초등학교 3학년 의진 엄마는 일반 유치원을 거쳐 공립 초등
학교에 아이를 보내고 있는 전업주부입니다. 사교육 없이 엄
마표 영어와 수학, 국어를 가르치고 있는데 학년이 올라갈수
록 의진 주위 친구들이 학원을 여러 개 다니는 것을 보니 점
점 더 불안해집니다. 경제적인 이유도 있지만, 과도한 사교
육은 지양하고 싶은데 어찌 해야 할까요?

불치병도 이런 불치병이 없다. 치료약도 없는 고질병이다. 대
한민국의 거의 모든 엄마가 한 번씩, 또는 오래 앓게 되는 사교
육 불안증 이야기다.

나도 내가 그럴 줄 몰랐다. 나 스스로가 초·중·고등학교 12
년을 공부하면서 사교육이라고 해 봤자, 고등학교 2~3학년 때
특정 과목 두세 개 단기로 특강을 들은 것이나 영어가 좋아서
다녔던 영어 학원 정도가 전부였다. 학원은 공부를 좀 못하거
나 부족한 과목이 있는 학생들이 다니는 것이라는 인식이 있기
도 했다. 어찌 보면 그 배경에는 '공부는 스스로 해야지' 라거나
'과외의 힘으로는 절대 좋은 성적을 얻을 수 없다'는 신념이 있

었기 때문이었을지도 모른다.

　그러나 내가 아이를 낳고 본격적으로 공부를 시켜 보려고 하
니, 이미 시대는 바뀌어 있었고 영어, 수학, 국어, 과학 등 대부
분 과목이 사교육으로 주름잡는 세상이었다. 내 아이가 조금
이라도 더 일찍 선행 학습을 하지 않으면 모든 세상의 레이스
에서 뒤쳐질 것 같은 학원의 공포 마케팅은 기본이었다. 중·고
등학교 내신 시험 예상 문제 정도는 학원에서 온갖 정보와 네
트워크를 동원해 그 어떤 개인의 것보다 방대한 데이터 베이스
에서 뽑아 내는 환경도 조성되어 있었다. 나의 초기 불안증은
학원가를 휘두르는 다른 엄마들에게서부터 시작됐다. 하지 마
라, 해라, 안 된다, 된다라는 지령이 직간접적으로 쏟아졌다. 회
사에서는 당당하고 주관이 뚜렷한 나였지만, 아이와 관련된
사교육 정보 앞에서는 이유 없이 움츠러들고 소심했다. 내가
잘 모르는 분야라 그랬던 것인지, 아니면 검증 안 된 정보가 희
소성을 가지고 있는 듯 보여서였는지는 알 수 없다.

　나를 비롯한 모든 부모들이 앓고 있는 이런 사교육 불안증
은 결국 위안과 위로가 필요하기 때문이다. 한마디로, 나만 뒤
쳐질까 봐 또는 내 아이만 공부를 못할까 봐 자라나는 불안한
마음을 달래 줄 사회의 '위안 쿠션'이 없다. 내 주위에도 '그렇

게 사교육을 따로 시키지 않아도 괜찮아요'라고 안심시켜 주는 사람이 없었다. '시키지 않으면 위험해요'라는 겁주기와 빨간 불은 있어도 말이다.

결국 부모의 불안은 사회가 키우고 우리들 스스로가 악화시킨다. 내 아이를 객관적으로 평가할 수 있는 시스템이 없다 보니 -특히나 시험이 사라진 초등학교에서는 더 그렇다- 사교육을 통해 아이를 평가하고 진단받아야 한다. 내 아이를 어느 정도는 객관화할 수 있어야 하는데 대부분 부모들은 그 방법을 모른다. 결국 평가의 주체가 학원이 되니 내 아이도 사교육에서 정해 놓은 레벨과 시스템에 따라 자리를 잡을 수밖에 없는 것이다.

학생, 학부모, 교사가 모두 고통받고 학원만 이익을 보는 기형적인 사교육 지배 시스템을 바꿔 보고자 이미 수십 번 정부에서 다양한 시도를 해 봤지만, 그 어느 것도 성공하지 못했고 오히려 사교육 시장만 공고해졌다. 2023년 1월 1일에 방영된 SBS 스페셜 <체인지> 1부 '학원 끊기' 편에서 학부모와 학생을 대상으로 한 설문조사 결과, 학원을 다니는 이유 중 가장 많이 선택한 것은 '불안해서' 였다(1위 불안심리 67.8%, 2위 진학 준비 61.6%, 3위 선행 학습 38.8%, 학교 수업 보충 26.8%). 도대체 이보다 타당하지 않은 이유가 있을까? 그 비싼 돈을 내고 소중한 시간을 투자해서 사교육을 하는 이유는 고작 우리가 가지고 있는 '불안증'을 줄이기 위해서인 것이다.

사실 더 심각한 문제는 이런 사교육 투자를 통해 얻는 결과물을 정확하게 알 수 없다는 데 있다. 논리대로라면 학교 수업 외에 추가로 듣는 사교육은 내 아이의 성적을 올려 주고 학교를 더 잘 다닐 수 있도록 도와줘야 하는데, 실제로는 그 성공 여부를 알 수 없는 경우가 대부분이기 때문이다.

나 또한 대치동에서, 제주도에서, 이런 저런 불안감에 휩쓸려 아이에게 갖가지 사교육을 시켰다. 영어를 잘하는 것 같지만, 왠지 부족한 듯 불안해서. 수학은 아직 시간이 많이 남아 있는 것 같지만, 왠지 다른 아이들보다 못하는 것 같아 불안해서. 국어는 아이가 책을 좋아하지만 학교 성적과는 별개인 것이라 불안해서. 모든 사교육의 시작과 끝은 나의 불안증이었다.

내가 비로소 사교육을 손에서 놓은 것은, 불필요한 수학 과외로 인해 아이의 거짓말이 늘어나고, 실력은 같은 자리에서 맴돌고 있음을 깨닫게 되었기 때문이었다. 그동안 쏟아 부은 시간과 돈이 전혀 도움이 되지 않은 것은 아니었지만, 사교육이 아니었어도 내 아이는 스스로 학습하고 깨닫고 발전할 충분한 가능성을 가진 학생이었다. 단지, 부모인 내가 불안해서 그것을 믿지 않고 의심했던 것이 문제였다.

사교육에 대한 불안증은 누구나 생길 수 있다. 물론 아이의 능력이나 필요에 따라 학교 밖 사교육이 필요한 경우도 있다. 다만, 사교육이 필요한 이유가 엄마 때문인지, 아이 때문인지를 먼저 판단할 수 있어야 한다. 또한 내 아이를 제대로 평가할 수 있는 주체는 학원이 아닌 공립 학교와 그 시스템이라는 것도 알고 있어야 한다.

대치동발 사교육 불안증 때문에 나 역시도 단단한 엄마가 되는 게 쉽지 않았다. 그 여정 또한 쉽지 않다. 그러니 현명한 엄마라면, 자녀 교육의 초점이 아이를 제대로 이해하고 아이의 학습 능력을 제대로 판단하여 결과를 어떻게 받아들여야 할지 고민하는 것에 맞춰져 있어야 한다.

2장
제주 국제 학교,
희망을 찾아서

아이를 위해 제주도로,
그러나 엄마가 포기한 것들

공립 학교를 보내고 있는 초등학교 3학년 진수 엄마는 제주도에 있는 국제 학교로 아이를 옮기고 싶어 합니다. 대도시에만 살던 엄마가 제주도로 내려가면 잘 지낼 수 있을까요? 희생해야 할 것이 있을 것 같아요.

엄마가 되면 때로는 생각하지 않은 곳에서 어려운 결정을 내려야 할 순간이 생긴다. 비록 그것이 엄마가 아닌 개인으로서 많은 것을 희생해야 함을 의미하더라도.

공립 초등학교에 대한 실망감과 대치동 학원가에서 얻은 불안감에 나는 점점 고민이 많아졌다. 초등학교 2학년 1학기까지 다닌 아이는 영어와 수학, 논술 학원 숙제에 숨막혀 보였다. 엄마 몰래 답안지를 베끼고 들키기도 했다. 엄마에게 거짓말을 했으니 혼나는 것이 마땅할 터. 나는 장난감 야구 방망이로 아이의 엉덩이를 다섯 대 때리고 야단을 쳤다. 아이는 겁에 질려 울지도 못했다. 나는 그만큼 잔인해져 있었다. 남들과 똑같이 키우지 않고 아이의 개성과 인격을 존중하며 키우리라 다짐했던 나는 어디로 갔는지, 회사에서의 스트레스와 맞물려 당시 내 일상은 괴로움의 연속이었다.

당시 나는 엔터테인먼트 회사에서 홍보를 맡고 있었는데, 그동안 다니던 회사와는 달리 분위기가 매우 폐쇄적이었다. 내가 아무리 열심히 일하여 실적을 만들고 아무도 못하던 일들을 해 보여도, 나를 인정해 주는 건 아주 잠깐이었다. 회사에서 힘든 일의 연속이니 집에서 티가 나는 것은 당연했다. 어느 날 아이가 내게 물었다. 나는 저녁 식사도 제대로 못하고 회사에서 계속 날아오는 이메일에 답하는 중이었다.

"엄마, 엄마는 왜 그렇게 열심히 살아?"

순간 나는 뒤통수를 맞은 느낌이었다.

"맡은 일이 무엇이든 열심히 해야지, 그래야 훌륭한 사람이지."

나는 최대한 침착하게, 엄마로서, 어른으로서 해야 할 말을 했다. 그러자 아이는 다시 물었다.

"엄마는 너무 열심히 사는 것 같아. 나는 행복하게 살고 싶어. 학교에서 친구들이랑 사이좋게 지내고, 이모랑 엄마랑 아빠랑 아무 일 없이 사는 게 행복인 것 같아."

아이에게 중요한 것은 친구들, 엄마와 아빠 그리고 본인을 돌봐 주는 도우미 이모님이었다. 그것이 아이의 세상이었다. 그곳에는 영어나 수학, 논술이 없었다. 나는 아이의 말을 듣고 내 인생이 점차 어긋나고 있고, 잘못된 방향으로 가고 있다는 것을 깨달았다. 회사에 충성하면서 보낸 시간들은 내 욕심을 채워 주었는지 몰라도, 아이의 행복에는 전혀 도움이 안 됐다. 회사 소속 남자 아이돌 그룹이 잘 나가도록 챙기느라 정작 내 아이의 미래는 별로 고민하고 있지 않았다. 내가 회사와 가정 사이를 오가며 헤매는 사이, 아이는 행복에 대한 답을 이미 갖고 있었다. 하지만 엄마가 설계한 사교육의 감옥 안에서 아이는 점점 메말라 가고 있었다. 그러고 보니 아이는 깔깔대며 웃는 일이 줄어들고 표정 없는 순간이 더 많았다.

그러다 나는 타의에 의해 회사를 그만두게 되었다. 생각지 못한 퇴사 후 갑자기 서울이 싫어졌다. 한국의 사교육 시스템과 서울을 떠나 새로운 삶을 만나고 싶었다. 당시에 우리 가족은 제주도를 좋아해서 서귀포에 작은 구옥을 구해 별장처럼 쓰고 있었는데, 서울에서 온갖 스트레스에 시달리다가도 제주도에 가면 마음이 편해져서 좋았다. 그리고 그곳에 제주 국제 학교가 있었다. 제주 국제 학교는 2011년 첫 국제 학교가 개교

한 후 자리를 점차 잡아 가고 있었다. 대부분 정시와 수시로 학생들을 선발하는데, 학교마다 정해진 입학 시험이 있어서 보통 영어와 수학 수준을 테스트했다. 나는 회사를 그만둔 후 아이와 함께 제주도로 가기 위해 무작정 네 군데 학교 중에서 영국식 커리큘럼으로 가르치는 NLCS(North London Collegiate School)과 미국 커리큘럼 학교인 KIS(KOREA INTERNATIONAL SCHOOL)를 선택했다. 아이러니하게도 꾸역꾸역 다니던 대치동 학원가의 영어와 수학 사교육 덕분인지 아이는 나와 영어 인터뷰 연습 정도만 하고 두 학교 시험을 모두 합격했다.

제주도 학교를 제대로 둘러보지도 않고 급하게 지원한 것이라 이게 맞는 것인가 싶기도 했지만, 이미 서울에서 마음이 떠난 나는 아이가 합격하면 바로 이사할 계획부터 세웠다. 학교를 직접 가서 볼 시간이 없어 아이에게는 학교 홈페이지를 둘러보라고 했는데, 마치 놀이공원에 대한 정보를 찾듯 아이는 흥분해 있었다. 아마 그곳을 합격하면 대치동 학원을 더 이상 안 다녀도 된다는 엄마의 말에 무척 신났을 것이다. 그런 아이에게는 미안했지만 나는 제주도에 내려가기 직전까지 영어와 수학 학원을 다니게 했다. 그동안 공부했던 것이 아깝기도 했고, 어차피 국제 학교에 다녀도 필요한 과목이니까. 솔직히 아이가 조금이라도 느슨해지지 않을까 불안했다.

2018년 8월, 우리 가족은 평생 살던 서울을 떠나 제주도로 이주했다. 남편은 제주시 시내에 새 병원을 개원할 곳을 찾아 인테리어를 하느라 바빴고, 나 또한 국제 학교 근처에 집을 구하고 서울 집을 정리하느라 회사에 대한 나쁜 기억도 조금씩 덜어 나갈 수 있었다. 사십대 중반의 나이에 아직 일할 수 있는 내 경력과 에너지가 아까웠지만, 그런 생각이 들 때마다 마음을 다잡았다. 아이가 태어난 후 10년 가까이 아이보다는 회사가 조금 더 우선이었고, 내 커리어를 챙기느라 아이와 남편은 내버려 둔 상황들을 되짚어 볼 기회였다.

우리는 제주도에서 새 일상을 시작했고, 아이는 NLCS 4학년으로 입학해 국제 학교 시스템에 발을 들여놓았다. 더 이상 대치동 학원을 오가는 일도 없고, 남의 손에 아이의 육아를 맡길 일도 없었다. 학원 숙제를 했는지 확인하기 위해 엄한 목소리로 겁을 줄 일도 없었으며, 회사 대표 눈치를 보면서 혼자 울 일도 없어졌다. 2018년 8월, 나와 아들, 남편은 제주도민으로서 두 번째 챕터를 열었다. 그리고 나는 공식적으로 '제주도 사는 서울 언니'가 되었다.

아이를 키우면서 여러 번 결정의 기로에 놓였지만, 서울에서 제주도로 이사할 마음을 먹는 것은 큰 용기가 필요했다. 내가 태어나 자란 곳을 뒤로하고 완전히 새로운 곳, 아는 이 하나 없는 곳으로 모든 것을 바꾸고 가야 했으니까. 하지만 무표정하고 행복하지 않은 아이를 보면서 나와 남편은 용기를 냈다. 잘 가르치려다가 애 잡겠다 싶은 위기감이 나를 정신차리게 했다. 만약 그때 대치동 학원가를 벗어날 생각을 하지 않고 계속 그 악순환의 고리에 묶여서 살았다면, 내 아이는 지금과 완전 다른 아이가 되어 다른 사춘기를 보내고 있을지 모른다. 집, 학교, 학원만 오가는 기계 같은 일상에 지쳐 엄마와는 담을 쌓고 어둡고 우울한 아이가 되었을 것이다.

아이를 위해 제주도로 이주할 결정을 하면서 포기한 것이 몇 개 있다. 새벽 배송이 그 첫 번째다. 제주도는 어딜 가도 그런 편리한 서비스 따위는 없다. 두 번째는 친구들이나 부모 형제들을 자주 만날 기회이다. 아무리 전국 생활권이어도 제주도에 살면 보고 싶은 이를 자주 보는 것은 매우 어렵다. 마지막으로 내 일을 포기했다. 프리랜서로 일하기도 어려운 직종인데 너무 이른 나이에 은퇴 아닌 은퇴를 했다. 아이를 낳고도 내가 하고 싶은 일은 약간 우위에 두었던 터라 아직 한참 일할 나이에 그만둔 것이 가장 큰 상실감으로 다가왔다.

하지만 엄마니까 포기한 것의 빈 자리는 새로운 것들로 서서히 채워졌다. 나는 깔끔하고 편한 새벽 배송 대신 북적거리는 시골 오일장에서 장보는 즐거움을 얻었다. 가족들을 자주 보지 못하는 그리움은 제주도에서 새 친구들을 사귀는 것으로 달랠 수 있었다. 그리고 좋아하던 일은 그만뒀지만 남편, 아이와 더 진지한 시간을 같이 보내며 그동안 미루었던 독서와 운동도 시작했다. 번 아웃이 올 만큼 바쁘게 살았던 내 시간을 되돌아볼 기회를 찾은 것이다.

무엇보다 제주도에서 만난 그런 기회들은 내가 엄마로 거듭날 수 있는 시간을 제공해 주었다. 물론 늘 그렇듯, 엄마가 된다는 것은 제주도가 아닌 지상 낙원이라도 희망과 절망, 실패를 거듭하는 일이기는 하다. 그래도 엄마는 매번 아이를 위한 희망을 찾으며 새롭게 시작할 수 있다. 엄마니까.

엄마니까 아는 것

'제주 국제 학교에 입학할 때 꼭 알아야 하는 것 -NLCS 편'

(1) 입학 시험 및 전형

입학 시험이나 면접 결과는 보통 3~4주 내에 알려 준다.

리셉션 - 실제 수업 참여 평가 BASE 시험(컴퓨터 사용)

1~2학년 - 실제 수업 참여 평가 및 영어 시험 수학 시험

3학년 - CAT4* 시험(컴퓨터 사용), 영어 시험(컴퓨터 사용), 면접

4학년~5학년 CAT4 시험(컴퓨터 사용), 수학 시험(컴퓨터 사용), 영어 시험(컴퓨터 사용), 면접

6학년~10학년 CAT4 시험(컴퓨터 사용), 수학 시험(컴퓨터 사용), 영어 EAL 평가(컴퓨터 사용), 면접

12학년 CAT4 시험(컴퓨터 사용), 수학 시험(컴퓨터 사용), 영어 시험(지필 시험), 영어 EAL 평가(컴퓨터 사용), 면접

---

* Cognitive Abilities Test 네 가지 영역으로 나누어 학생들의 인지 능력을 진단하기 위해 사용하는 테스트다. 주로 전 세계 국제 학교가 입학을 위한 평가 테스트로 사용하며, 6세부터 17세까지의 학생들을 대상으로 한다.

(2) 지원 시기

시험 준비는 보통 6개월 전부터 한다. 학년마다 종류나 레벨이 다르므로 지원하는 학년에 맞게 미리 공부하는 것이 좋다. 구글 등에서 'Year 4 curriculum' 등 키워드로 학교에서 배우는 내용을 검색하면 시험 수준을 가늠할 수 있는데, 변별력을 위해 평균적인 영국 학교 수준보다 살짝 높게 나오는 편이다.

리셉션, 1학년, 2학년 : 온라인 입학 지원서 접수 기간은 학사 년도 1~2월 중이다. 지원서가 많이 몰릴 경우 조기 마감될 수 있다.

3학년부터 12학년 : 온라인 입학 지원서 접수는 학사 년도 8월부터 이듬해 5월 중에 진행된다. 지원서가 많이 몰릴 경우 조기 마감될 수 있으며 대부분의 학년은 겨울이 되기 전 합격 여부가 판가름 난다(11학년과 13학년은 학제 시스템의 특징상 지원이 불가능한 학년이다).

학년별 공석 수에 따라 지원 마감했던 학년도 모집을 재개할 수 있으며, 입학 시험과 인터뷰 성적에 따라 선착순이 아닌 능력순으로 선발한다.

(3) 준비하기

[지원 서류]

- 학생 여권 사본(이중 국적자의 경우, 소지한 여권 모두 제출)

- 최근 6개월 이내 촬영한 학생 반명함판 사진(학생증 및 본교 서식용)

- 학부모 여권 사본

- 개인 정보 수집 이용 동의서(해당 양식은 이메일로 별도 전달)

- 최근 1년간의 영문 성적표 또는 생활 기록부(국문 서류인 경우 영문 번역 공증 후 원본과 함께 제출) - 리셉션과 1학년은 제외

- 학부모 주민 등록 등본 사본(내국인 지원자 해당)

- 외국인 지원자의 경우 외국인 등록증 사본

- 학교 추천서(담임에게 작성 요청하며 3학년부터 해당. 해당 양식은 이메일로 별도 전달)

제주도에서 만난 희망,
글로벌 교육 시스템

제주도에 있는 국제 학교는 어떤 시스템으로 공부하나요? 한국에 있으니 겉모습만 국제 학교인 것은 아닐지, 국제 학교로 가는 것을 고려 중인 초등학교 2학년 지안이 엄마는 걱정이 됩니다.

제주도의 NLCS Year 4로 새로운 배움을 시작한 아이는 학교를 좋아했다. 팍팍한 학원 장돌뱅이 생활을 떠나 새로 만난 국제 학교는 아이에게 완전히 다른 세상이었다. 아이가 질문을 하면 외국인 선생님은 친절하게 받아 주었고, 무엇을 하든 비판보다는 칭찬이 우선이었으니 싫어할 이유가 없었다. 제주도에 내려간 지 6개월쯤 되던 날, 아이는 내게 털어놓았다.

"엄마, 학교가 너무 재미있어. 일주일 내내 맨날 학교만 가면 좋겠어."

내가 간절하게 듣고 싶던 한마디였다. 나는 비록 더 이상 하고 싶던 일을 하지 못하고 완전히 다른 삶을 살게 되었지만, 내 아이만 좋다면야, 모든 것이 다 별일 아닌 것이 되었다. 나의 결정과 노력이 어느 정도 답을 찾은 느낌이었다. 제주도로 내려가 아이는 학교에 가는 것을 즐길 줄 아는 사람이 되어 갔으니까.

아이는 영어 과목을 제일 좋아했고 다른 수업들도 열심히 했다. 단 한 가지 부족한 것은 선천적으로 재능을 한 번도 보이지 않았던 운동 쪽이었다. 국제 학교에 다니는 애들은 각자 잘하는 운동이 있었고 악기도 수준급이었다. 학습적인 면에서는 자유로웠고 비교와 경쟁이 훨씬 덜했지만, 예상하지 못했던 난관은 예체능이었다. 학교 오케스트라에 들어가려면 어느 정도 악기 레슨을 받아야 했고, 운동도 마찬가지였다. 대치동 학원가 지옥을 벗어났다고 생각했는데, 제주도에서는 다른 형태의 부담이 생겨나기 시작했다.

그래도 아이는 나름의 재능과 자리를 찾기 위해 스스로 애쓰기 시작했다. 초급 수준의 첼로 연주는 별로였지만 오케스트라에 들어가서 맨 뒷자리를 지켰다. 운동을 못해서 어느 종목의 선수로도 선발되지 못했지만 야구는 좋아해서 매일 아빠와 캐치볼을 했다. 그러다가 우연히 친구들과 나가게 된 디베이트 대회에서 상을 받으며 아들 인생 최초로 열정을 찾았다. 내가 알던 아이는 적극적인 성격이 아니었다. 어릴 때부터 갈등을 싫어하고 화합을 선호하는, 전형적인 평화주의자였다. 유치원에서나 학원에서 누군가 시비를 걸면 조용히 뒤로 사라지는 아이였다. 그런데 디베이트를 하면서 아이는 조금씩 달라졌다. 논리 정연하게 말하기 위해 자료를 찾고, 그 자료에 근거해 상대방의 주장을 점잖게 비판하며 자기 주장을 펼쳐 나가는 법을 배웠다. 물리적인 제재가 아니라 말과 지식으로 상대방을 공격하는 것에서 짜릿함을 느낀 듯했다. 그리고 본인이 어느 정도 재능이 있다고 생각했는지 계속 그런 쪽으로 활동을 하고 싶어 했다.

NLCS는 영국 학제와 커리큘럼으로 교육하는 학교인데, 개인적으로 받은 느낌은 기본 태도와 품행을 엄격하게 관리하는, 보수적인 분위기였다. 나는 유치원부터 초등학교 고학년까지는 어느 정도 보수적이고 엄한 것이 아이들에게 도움이 된다고 생각하기 때문에, 약간은 까다로워 보이는 영국, 호주, 스코틀랜드 등 출신 선생님들의 방침이 마음에 들었다. 예를 들어, 수업 시간에 산만하게 분위기를 헤치거나 줄서기를 안 하는 학생들이 있으면 즉시 교사들의 지적과 교정이 일어난다. 이때 학생을 혼내는 것이 아니라 단호하게 알려 주는 것이다.

제주에 있는 네 개의 국제 학교는 미국, 영국, 캐나다 등 기본적으로 적용하는 학제와 커리큘럼에 따라 전체적인 분위기는 다르지만, 학생들을 통합적으로 평가하고 절대 평가 시스템으로 점수를 산출하는 시스템은 비슷하다. 그래서 잘하는 아이부터 못하는 아이까지 한 줄로 서열을 세우며 소수 자리까지 점수를 더 챙겨야 하는 한국식 교육에 비해, 스스로 목표를 세우고 그것에 맞춰 학습 속도와 수준을 조절할 수 있는 장점이 있다.

선천적으로 경쟁을 싫어하던 아이는 다행히도 이런 학교 방침과 분위기에 잘 맞았다. 아이가 과학을 잘 몰라도, 영어 시간에 책을 잘 읽으면 칭찬을 받을 수 있으니 전과목을 다 잘해야 한다는 한국식 압박감에서 다소 벗어날 수 있었다. 그리고 학교에는 각종 이벤트와 행사가 많아서 공부가 아닌 놀이식으로 학습 주제에 접근하는 경우가 많았다. 중·고등학교도 그렇지만 특히 초등 학년에는 학기별, 주제별로 늘 무언가 행사가 진행 중이었다. 예를 들어 'Book Week'는 일 년에 한 번씩 돌아오는데, 그 주간에는 학년마다 정해진 책을 읽거나 학생이 선택한 책을 읽고 함께 느낌을 공유한다. 이때 학교 캠퍼스 한편에서는 학생들끼리 헌책 벼룩시장을 하고, 교장 선생님이 책을 읽어 주는 이벤트를 한다. 금요일은 모두 책 속 주인공처럼 의

상을 입고 학교에 등교한다. 그래서 그날은 도로시, 해리포터, 월리, 장화 신은 고양이 같은 책 속 캐릭터들이 학교를 누빈다.

한국 학교에서는 가장 창의적인 교수 방법이 시청각 자료를 보거나 견학을 가는 정도였는데, 제주 국제 학교에서는 전통적인 방식을 비롯해 전교생이 체계적으로 연례화 된 프로그램과 축제와 전시회 등 매우 다양한 방식으로 학생들의 학습과 이해를 자극했다. 물론 국제 학교에서 가르칠 자격이 되는 원어민 교사들을 채용하는 것이 쉽지 않다 보니, 매년 각 과목과 학년을 담당하는 교사들을 구하는 것이 쉽지 않다고는 한다.

서울에서 초등학교 3학년 1학기까지 다니다가 제주도로 간 아이는 표정이 밝아지고 에너지가 많아졌다. 배우는 것이 재미있고 즐겁다는 아이를 보면 나와 남편의 결정이 후회되지 않았다. 내 아이가 부족하거나 사교육 시스템에 맞지 않는 것 같아 마음이 늘 답답하고 안쓰러웠는데, 제주도라는 다른 환경에서 아이를 보니 모든 문제들은 결국 기존 시스템이 원인으로 보였다. 무엇보다 학원을 모두 끊고 학교 수업과 활동에만 집중하니 아이의 가능성이 더 잘 보였고, 아이에게 맞는 교육 방법을 찾을 수 있다는 희망도 보이기 시작했다.

제주 국제 학교를 현재 교육의 대안으로 고민하는 부모들

중에는 '과연 국내, 더군다나 제주도라는 지역에서 제대로 된 국제 학교식 교육을 받을 수 있을까' 걱정하는 경우가 많다. 커리큘럼과 시설은 충분히 훌륭하다. 교사진도 어느 정도 만족스럽다. 단지 그 시스템 안에서 내 아이가 최대한 혜택을 받고 제대로 된 교육을 받으려면, 학교를 믿고 아이를 믿어야 한다. 그리고 스스로 희망을 찾아야 한다.

서울에서 태어나 40년 넘게 지내던 내가 제주도에 가서 살게 될 줄은 꿈에도 생각하지 않았던 일이다. 사람은 크면 서울로 보내고 말은 크면 제주도로 보내라고 했는데, 나는 거꾸로 아이와 남편을 이끌고 섬으로 들어왔다. 희망을 찾으려면 한 번쯤은 절망을 뒤로 두고 새로운 것을 향해 나아가는 것이 필요하다.

엄마니까 아는 것
'KIS 입학 전형 및 준비 방법'

제주 KIS는 자체 입학 시험을 거쳐 학생을 선발한다.

원서 접수는 시험일 2주 전에 마감되며, 원서는 학교 홈페이지 (https://kis.ac/2023-24-admissions-process/)에서 내려받아 작성하면 된다. 제출 시에는 원서와 함께 추천서 등의 서류가 많기 때문에 홈페이지를 참고하여 시간을 많이 들여 준비하여야 한다. 학년에 따라 학생 생활 기록부의 영어 번역 공증을 필요로 하는 등 준비해야 하는 서류가 조금씩 다르다.

원서 접수 후 2주 이내에 필기시험 및 면접 응시 여부를 알려 주는데, 서류 전형에서는 문제없이 통과하는 경우가 대부분이다.

G2 이하에서는 놀이 관찰(Play Observation)이 있고, 필기시험으로 G2 이상에서 쓰기(Writing), G3 이상에서 읽기(Reading), G4 이상에서 수학 시험을 보고, 공통으로 면접이 있다.

필기시험은 Measure of Academic Progress (MAP) Test라 하여 컴퓨터로 보게 되는데, 응시자가 시험을 보며 제출하는 답안의 맞고 틀림에 따라 이후 제시되는 문제가 달라지는 유형이다.

합격자 발표는 시험 3주 이내에 문자와 이메일로 연락이 온다. 만일, 최종 단계에서 불합격된 경우에도 이메일이나 전화로 불합격 통보가 오며, 불합격의 이유는 낮은 입학 시험 성적, 영어 능력 미달, 추천서 내용에 의한 경우 등이 있을 수 있다. 불합격한 경우에도 공식적으로 재응시가 불가능한 기한이 명시되어 있지는 않으며, 입학 시험 위원회의 결정에 따라 가능하다 되어 있다.

제주도에서 산다는 것

제주 국제 학교에 가면 국제 학교 커리큘럼으로 공부하는 것 외에 어떤 것이 좋을까요? 제주도는 도시가 아니라 장단점 이 어떤 것이 있을지 궁금합니다.

  제주도의 인구는 2023년 12월 기준으로 70만이 좀 넘는다(행정안전부/제주특별자치도의 인구통계 기준). 수도권의 비슷한 규모를 찾아보면 경기도 남양주시(73만 명)와 충청남도 천안시(66만 명) 중간 정도이니, 면적 대비로는 인구가 매우 적은 편이다. 그래서 육지의 큰 도시들에 비해 불편한 점이 꽤 있다. 엄마들이 선호하는 대형 쇼핑 센터도 없고, 문화 시설은 열악하며, 하루 만에 배송되는 서비스도 제한적이다. 해가 저물면 가로등이 없는 길이 많아서 컴컴한 곳을 조심조심 운전해야 하는 일도 다반사다.

  그럼에도 불구하고 제주도의 가장 큰 장점은 역시 자연환경이다. 실제 제주도에 가서 살아 보니, 1년에 서너 번 관광객으로서 오가며 바라보던 애월 바다를 자주 보고 한라산 근처에서 일상을 만들어 가는 것은 생각보다 괜찮은 경험이었다. 교통체증 없는 한산한 도로와 10분만 가면 보이는 바다까지, 모든 것이 만족스러웠다. 서울에서 학교, 집, 학원가를 무한 도돌이표처럼 돌아다니던 아이는 차 구경하기 어려운 한적한 시골길을 좋아했다. 별로 쳐다볼 일이 없던 하늘도 매일 아침 학교 가는 길에 올려다보며 구름의 종류와 위치를 헤아렸다. 제주도의 구름은 시시각각으로 달라져 때론 낮게 드리우기도 하고, 때론 저 높은 곳에 토끼 모양으로 뭉치기도 했다.

우리 가족이 가장 좋아하는 곳은 한림읍의 금능해수욕장이었다. 5월 중순만 넘어가도 제주도 앞바다는 따뜻해져서 발을 담그고 놀 수 있다. 그래서 주말과 방학 때마다 온 가족이 수시로 놀러 갔다. 금능해수욕장은 옥빛 바다와 낮은 수면이 매력인 곳이다. 썰물 때는 아이들이 놀기 좋은 부드러운 뻘이 펼쳐진다. 해수욕장 개장 후에는 하루에 3~10만 원으로 파라솔과 정자를 대여하여 아침에 가서 해 질 때까지 놀기도 했다. 아직도 아이의 최애 장소이기도 한 그 바닷가에서 우리 가족은 매년 조금씩 다른 추억을 만들고, 갈 때마다 색이 달라지는 먼 바다를 멍하니 바라보기도 했다.

　도시에서 태어나 도시에서 10년을 자란 아이는 편한 것이 익숙하고 더러운 것을 싫어하는 전형적인 서울 아이였다. 옷에 흙이라도 묻으면 큰일난 듯 호들갑을 떨었다. 제주도는 주변이 온통 흙이고 풀이니 옷이 좀 더러워져도 하하 웃고 털어 낼 수 있어야 했다. 그래야 느긋하게 지낼 수 있으니까. 아이는 좀 더 느긋하고 여유로운 성향이 되었다. 같이 국제 학교를 다니는 아이들도 서울 아이들보다 순수하여 함께 만나면 키즈카페나 피시방이 아니라 오름을 가거나 해수욕장에 갔다. 아니면 각자 집에서 만나 게임도 하고 운동장에서 몸을 움직이며 놀았다. 학교가 끝나도 학원 가느라 만나기 힘들었던 서울 친구들과는 많이 달랐다. 아이가 같이 뛰어놀 친구들은 얼마든지 있었다. 제주도에서 초등학교 고학년을 보낸 아들은 중학교 3학년이 된 지금까지도 그 흔한 피시방에 가 본 적이 없을 정도다.

　또 하나의 장점은, 육지와 제주도에서 가족이 떨어져 지내다 보면 가족 간에 더 단단한 가족애가 생겨난다는 것이다. 현실적으로 아이 아빠가 제주도에 같이 내려오는 경우는 많이 없어서, 대부분 주말에만 아빠가 제주도로 오는 경우가 많았는데 이런 변화가 부부 사이에 긍정적으로 작용했다는 경험담이 더 많았다. 또한 아이와 지내는 주말이 더 값지고 귀하게 느껴지기 때문에, 아빠들도 주어진 시간에 자녀들에게 최선을 다한다고. 그래서 제주도에서 학교를 다니며 가족 사이가 오히려 더 견고해지고 아빠와 아이들이 더 가까워졌다는 가정이 많았다.

간혹 제주 국제 학교에 다니다가 원래 살던 곳으로 돌아가는 경우가 있는데, 두 가지 정도로 분류된다. 엄마가 제주도의 시골스러움, 한적함에 적응하지 못한 경우와, 한국 교육 시스템으로 '리턴'하는 경우다. 실제로 어떤 엄마는 우울증에 걸려 고생하다가 중도에 돌아갔고, 의대나 치대 진학을 고려하며 원래 살던 대도시의 학군지로 돌아간 아이 친구들의 사연도 있었다. 그럼에도 불구하고 대부분의 부모나 아이들이 입을 모아 '제주도의 자연은 참 좋았다'라고 말한다. 그만큼 사시사철 다른 매력을 가진 제주도는 성장기의 아이들에게 평화, 치유, 또는 여유라는 선물을 선사한다.

아들도 자주 이야기한다. 제주도의 바다가 제일 좋다고. 그래서 캐나다에 유학 가 있는 지금도, 여름 방학이 기다려지고 그립다고. 엄마와 아빠가 사는 곳이어서 그리운 것보다, 아무것도 바라지 않고 그대로 존재해 주는 제주도의 산과 바다, 오름이 주는 평온함이 있기 때문일 것이다. 조금 불편하고 느리더라도, 아이는 제주도에서 마음속의 평화와 스스로 일어서는 힘을 길렀다. 어른인 내가 봐도 절대 서두르지 않고 찬찬하게 상황을 지켜보는 능력을 갖추게 됐다. 앞으로도 아이는 제주도를 마음의 고향으로 삼고, 힘든 일이 생기거나 답답한 마음이 찾아올 때면 열 살 때 처음 만난 힐링과 여유의 의미를 떠올리며 자기 자신을 다잡을 것이다.

대도시의 편안함과 신속함을 제주도에서 기대하지 말자. 오히려 제주도만의 불편함과 느긋함을 받아들이고 아이들을 가르치기에 깨끗하고 유해 시설이 없는 것을 큰 장점으로 생각해야 한다. 인생이 늘 그렇듯, 제주도에 사는 것은 하나를 얻고 하나를 잃는 셈이다.

엄마니까 아는 것
'SJA 입학 전형 및 준비 방법'

SJA(세인트 존스베리 아카데미 제주)는 정시 모집과 수시 모집을 통해 학생을 선발한다. 3~11학년 지원시 영어, 수학을 포함한 MAP Test를 치루고, 일대일 인터뷰를 통해 지원자를 평가한다. 학부모가 작성해야 하는 영문 지원서에 학생에 대한 기본 정보나 소개 등 내용이 들어가기 때문에 이 부분은 시험 당락에 크게 작용하는 요소는 아니지만 준비하면서 부담이 될 수 있다.

기본적인 제출 서류는 아래와 같다:

지원서 & 증명사진	전학년
가족 관계 증명서 또는 여권 사본(외국인에 한함)	전학년
학부모 설문지	전학년
전형료	전학년
성적표 발급 요청서	2~11 학년
최근 2년 간의 성적 증명서 또는 생활 기록부	2~11 학년
담임 선생님 추천서	2~6 학년
수학 선생님 추천서	7~11 학년
영어 선생님 추천서	7~11 학년
개인 추천서	7~11 학년
MAP 시험	3~11 학년
심층면접	전학년

제주 국제 학교의 그늘,
엄마의 불안은 계속된다

중학교 1학년 영선 엄마는 현재 아이가 제주 국제 학교 시험에 합격해 입학을 기다리고 있습니다. 사교육이 싫어 옮기는 것인데 소문으로는 제주도도 대치동 못지 않게 사교육을 시키고 전문 학원가도 있다고 하네요. 현실은 어떤가요?

영원할 것 같은 제주 국제 학교에서의 만족스러운 나날들은 오래지 않아 장애물을 만났다. 교육이란 것이 멀리 장점만 보고 앞으로 나아가야 하는데, 생각 많고 '프로고민러' 엄마였던 나는 양지에서도 그늘을 찾는 성향인가 싶었다. 늘 원인은 엄마로부터 시작했고 해답도 엄마가 찾아야 했다.

1년이 지나고 2년차에 접어들면서 남편의 병원도 개원 초기 어려운 단계를 지나 어느 정도 안정기에 접어들었다. 나는 같은 학교 엄마들과 친분이 생기고 나름의 취미 생활과 운동도 하면서 도시적 삶에서 시골에 더 맞는 스타일로 변해 갔다. 오름을 오르고 올레길을 걸으며 조급한 일상에 익숙했던, 24시간을 쪼개 쓰던 삶에서 멀어져 갔다. 제주도로 오면서 바랐던 모든 것이 어느 정도 이루어진다고 생각하던 그 시기에 갑자기 팬데믹이 우리 모두를 덮쳤다. 학교는 문을 닫거나 온라인 수업으로 전환했고, 모든 이들이 집에 갇혀 우울한 날들을 보내게 되었다. 국제 학교의 특성상 오프라인에서 일어나는 수업과 행사가 많은 것이 장점이었는데, 비싼 학비를 내고도 제대로 된 수업을 하지 못하는 날들이 점점 많아졌다. 한마디로 돈과 시간이 너무 아까웠다. 그리고 아이가 방치되는 것 같아, 제주도로 온 것이 잘못된 선택인 것 같아 극도로 불안해졌다.

나와 남편의 제주도행 결단이 갑자기 후회로 변하는 시점이었다. 이럴 줄 알았으면 그냥 서울에 있을걸. 다시 서울로 돌아가야 하나. 아니면 제주도 공립 학교로 가야 하나. 고민과 불안이 점점 커졌다. 반짝 해가 나온 후 구름 속으로 들어가 버리듯, 우리의 즐겁던 일상도 어둡고 우울해졌다. 아이 또한 온라인 수업을 하고 학교를 가지 않게 되면서 필요 이상으로 유튜브를 보거나 온라인 게임을 하는 등 하지 않던 행동을 했다. 나중에는 수업한다고 켜 놓은 컴퓨터에서 몰래 게임을 하다가 들키기도 했다. 아이만 탓할 수도 없었다. 세상이 그렇게 돌아가고 있는 것을 어쩌겠는가? 제주도에서 찾은 내 아이의 희망과 재능은 또 다른 벽을 만난 느낌이었다. 몇 달 사이에 아이는 시력까지 나빠지고 소심해졌다. 나뿐 아니라 다른 학부모들의 불만도 커졌지만, 전 세계적인 악재에 변화를 줄 수 있는 것은 없었다. 그러나 팬데믹의 그늘 외에도 제주도에서 만난 절망은 또 있었다.

사교육의 구렁텅이를 피해 선택한 제주도였는데, 국제 학교에 들어가 보니 대치동 못지 않은 사교육 열기가 서서히 드러났다. 몰라서 안 보였던 것들이 상황이 익숙해지면서 내 눈에 보이기 시작했다. 대치동은 대놓고 시키는 사교육이라면, 제주 국제 학교는 조용히 시키는 사교육이 특징이었다. 처음에는 말도 안 된다고 생각했던 대치동 스타일의 과외와 학원이 국제 학교 인기가 높아지면서 제주도에도 늘어났는데, 팬데믹 때문에 장기간 학교가 제 구실을 못하자 역설적으로 각종 과목과 예체능을 사교육을 통해 해결하는 일이 공공연해진 것이다. 사교육을 시키려니 부담이 되거나 아깝고, 안 시키려니 또 불안해졌다. 서울에서 제주도로 이사간 지 1년여 만에 나는 엄마로서의 갈등에 다시 직면했다. 과연 무엇이 내 아이를 위한 최선인가. 언제 끝날지 모르는 팬데믹이 종료될 때까지 지금 하는 대로 방치해도 되는 것인가. 무리한 사교육이 싫어서 내려온 제

주도에서 다시 만난 사교육의 유혹은 어떻게 이겨야 할지 분간
이 안 갔다.

  게다가 제주 국제 학교는 아무래도 자녀의 교육에 관심이 많
은 학부모가 대다수이다 보니 눈에 보이지 않는 경쟁도 있었다.
예를 들면, 학습적인 것을 잘 못하는 아이는 못한다고 수군거
리고, 뛰어나게 잘하는 아이는 따로 학원을 보내는 것이 틀림없
다며 흉보는 일이 자주 보였다. 한번은 아이가 Year 6 학기 초
에 일종의 학교 회장단인 NLCS의 'LITTLE 8'에 뽑힌 적이 있었
는데, 교사들과 교장이 인터뷰와 다양한 기준으로 8명을 최종
선발한 것임에도, 왜 저 아이가 뽑혔냐 근거가 뭐냐 등 일부 엄
마들이 수군대기도 했다. 게다가 제주도에서 열린 국제 디베이
트 대회에서 아이가 예상치 못하게 개인상을 받자 여기저기서
어디서 몰래 따로 준비를 시킨 것이 아니냐는 말까지 나왔다.

  한국인들이 대부분인 곳이라 그런지 국제 학교라도 다를 것
이 없었다. 이름과 커리큘럼만 국제 학교지, 그 내부에서 같이
지내는 이들은 대치동 학원가의 사람들과 많이 닮아 있었다.
나와 남편이 아이를 위해 바라던 환경과 현실은 이상적인 모습
을 벗어나 점차 멀어지고 있었고 시간이 흐를수록 아이도 조금
씩 불만이 생겨났다. 처음엔 마냥 좋았던 학교가 다르게 보이

기 시작했던 모양이다.

그래도 아이는 제주도에서 국제 학교를 다니며 중요한 것들을 배웠다. 스스로 찾아서 하는 공부와 운동의 즐거움을 배웠고, 악기가 주는 또 다른 즐거움도 알게 되었다. 그리고 제주도의 자연에서 심리적 여유도 얻었다. 그러니 엄마가 근본적으로 원했던 것은 모두 얻은 것인지도 모르겠다. 그러나 제주 국제 학교도 정답은 아니었다. 그래도 정답에 가까워지는 과정이었고 엄마인 나의 역할은 여전히 아이와 함께 최선의 답을 찾는 것이었다. 팬데믹이 끝날 기미가 보이지 않던 어느 날, 나는 아이에게 물었다.

"지금 학교 어때? 너는 계속 다니고 싶어? 공부하는 건 처음처럼 아직도 재미있어?"

아이는 이렇게 대답했다.

"엄마, 지금 학교도 좋은데 나는 외국에 나가서 공부하고 싶어졌어. 영어도 더 잘하고 싶고, 외국에 나가서 다른 세상도 보고 싶어."

아이는 만 열두 살이 막 넘었던 시점이었다. 가슴이 답답해졌지만 나는 또 해답을 찾아야 했다. 서울에서 제주도로 왔는데 거기가 아이를 위한 정답이 아니라는 생각은 점점 더 확실해졌다. 그때의 내 고민이 현실에 대한 부정인지 회피인지는 아직도 모르겠다. 다만, 그 상황에서 아이를 그곳에 계속 머무르게 하는 것이 최선은 아니었다는 것은 확실하다. 엄마는 늘 그렇다. 희망 속에서 절망을 찾고, 절망 속에서 희망을 찾는 역설적인 존재. 유난스럽다고 해도 어쩔 수 없다. 난 불안하지만, 노력하고 고민하는 엄마니까.

다른 답을 찾기 시작했다. 제주도에서의 3년은 모든 면에서 과도기적인 시간이었다. 나와 아이에게는 물론 남편에게도. 그 과정을 거쳐 우리는 절대 하지 않겠다는 기러기 가족 생활을 알아보게 되었다. 그리고 엄마가 모르는 사이 아들은 사춘기에 조용히 다가가고 있었다.

엄마니까 아는 것
'BHA 입학 전형 및 준비 방법'

제주 국제 학교 중 유일한 여학교였던 BHA(브랭섬홀아시아)는 2023년부터 남학생의 지원을 받으면서 남녀공학으로 바뀌었다. 또한 국내에서 전과정(유치원~고등학교)을 IB로 교육하는 학교로 유명한데 이 부분이 타 학교와 차별점이기도 하다.

입학 절차는 아래와 같다:

1. 입학 설명회 및 온라인 설명회 등을 통한 학교 정보 수집
2. 지원서 작성(온라인)
3. 입학 전형료 납부(40만 원, 환불 불가)
4. 필요 구비 서류 제출
5. 학생 인터뷰와 입학 평가 전형 진행
6. 전형 결과 통보

지원 학년	지원 서류 안내 및 양식

JK Prep,
JK, SK
	1. 입학 지원서 작성
	2. 여권 사본 제출
	  - 외국 국적자 또는 이중 국적자의 경우,
	    여권 사본 제출 필수
	  - 한국 국적자는 영문 가족 관계 증명서로
	    대체 가능
	3. 학부모 설문지 제출 – 영문 작성
	4. 입학 전형료 납부

Grade 1	1. 입학 지원서 작성
	2. 여권 사본 제출
	  - 외국 국적자 또는 복수 국적자의 경우,
	    여권 사본 제출 필수
	  - 한국 국적자는 영문 가족 관계 증명서로 대체 가능
	3. 담임 교사 추천서 제출
	    (미취학 어린이는 유치원 교사)
	4. 학부모 설문지 제출 – 영문 작성
	5. 입학 전형료 납부

Grades 2 – 5	1. 입학 지원서 작성 2. 여권 사본 제출 - 외국 국적자 또는 복수 국적자의 경우, 여권 사본 제출 필수 - 한국 국적자는 영문 가족 관계 증명서로 대체 가능 3. 국문 생활 기록부 1부 제출 - 외국 학교의 경우 최근 2학년(4개 학기)의 REPORT CARD (영문 또는 국문이 아닌 경우, 영문번역공증 후 제출) 4. 자필로 작성한 학생 영문 프로필 제출 5. 담임 교사 추천서 제출 6. 학부모 설문지 제출 – 영문 작성 7. 입학 전형료 납부

Grade 6 – 11	1. 입학 지원서 작성
	2. 여권 사본 제출
	- 외국 국적자 또는 복수 국적자의 경우,
	  여권 사본 제출 필수
	- 한국 국적자는 영문 가족 관계 증명서로 대체 가능
	3. 최근 4개 학기의 기록이 확인되는 생활
	  기록부 국문 1부 제출
	- 외국 학교의 경우 최근 2학년(4개 학기)의 REPORT
	CARD (영문 또는 국문이 아닌 경우, 영문 번역 공증 후 제출)
	- Grade 9 이상 지원자는 영문 성적 증명서 1부
	추가 제출
	4. 자필로 작성한 학생 영문 프로필 제출
	5. 영어 교사 추천서 제출 – 영어 추천서
	6. 수학 교사 추천서 제출 – 수학 추천서
	7. 학부모 설문지 제출 – 영문 작성
	8. 입학 전형료 납부

그럼에도 제주 국제 학교를
추천하는 이유?

제주 국제 학교에 아이를 보내고 싶은 우영 엄마는 여러 가지 단점도 있는 것 같아 최종 결정을 내리지 못하고 있습니다. 경험자로서 추천하는 이유가 있을까요?

나는 대치동을 거쳐 제주 국제 학교를 지나 캐나다 유학까지 아이의 교육 때문에 다양한 여정과 단계를 거쳤다. 안타깝게도 현재까지의 결론은 교육에는 정답이 없다는 것이다. 제주 국제 학교에서 3년을 공부하고 캐나다로 갈 때도 최고의 정답보다는 내 아이에게 더 맞는 최선의 답을 선택했을 뿐이니까. 그래도 제주 국제 학교가 어떤 부모, 어떤 아이에게는 최선의 선택지가 될 수 있기에 '그럼에도 제주 국제 학교를 추천하는 이유'를 써 보려고 한다.

첫째, 4개 제주 국제 학교는 정부와 해외에서
교육 기관으로서 정식 인증을 받은 학교다.

한국의 공립 학교들은 모두 한국 정부와 교육 관련 기관에서 정식으로 인증받아 학력을 인정해 주는 학교다. 제주 국제 학교는 해외 유학으로 지출되는 외화를 아끼고, 굳이 해외에 유학 가지 않아도 국내에서 같은 수준의 교육을 제공하기 위한 목적으로 설립되었기 때문에 모두 정부에서 인가한 교육 기관들이다. 따라서 제주도 교육청의 관리를 받고, 국어와 사회(국사) 이수 및 졸업 시 한국 학력으로도 인정된다.

최근에 국제 학교가 인기를 끌면서 무수한 비인가 국제 학교가 생겨나 운영 중이다. 그중에는 미국이나 캐나다 등의 사립 학교 인증을 받아 정상적으로 운영되는 곳도 있지만, 많은 곳이 학원이나 종교 단체가 주체가 되어 이름만 '국제 학교'를 달고 국제 학교처럼 보이는 커리큘럼과 수업을 진행하고 있다. 그래서 규모도 작고 교사 수준도 인가 국제 학교보다 못한 곳이 많다. 심지어 수업료만 받고 '먹튀'를 해 버리는 곳도 가끔 있다. 내 아이가 초·중·고등학교를 어디에서 어떤 경험을 하고 다니든 상관없고 대학만 잘 가면 된다는 부모라면 모르겠지만,

제대로 검증된 교육 기관에서 학업과 예체능, 인성 교육까지 받기를 바란다면 국내의 인가 국제 학교가 현명한 선택이다.

둘째, 가족이 국내에서 함께 머물면서
국제 학교를 다닐 수 있다.

제주 국제 학교가 처음 설립된 취지 중 하나가 해외 유학으로 야기되는 '기러기 가족' 문제를 해결하기 위한 것이기도 했다. 나처럼 엄마와 아이만 해외에 나가 유학을 하는 경우, 혼자 한국에 남아 뒷바라지를 해야 하는 아빠들이 외로움이나 여러 어려움을 겪는 사례가 많았기 때문이다. 제주 국제 학교는 유학을 보내고는 싶지만 가족이 멀리 떨어져 사는 것을 싫던 가족들에게 대안을 마련해 주었다. 제주도가 육지와 떨어져 있기는 하지만, 하루에도 수십 편 항공편이 운영되기 때문에 원한다면 언제든지 가족이 거주지와 제주도를 오가며 만날 수 있는 큰 장점이 있었기 때문이다. 또한 우리 가족처럼 아예 생활 터전을 제주도로 옮겨 가족이 함께 지내며 국제 학교에 아이를 보내는 경우도 가능했다.

셋째, 제주 국제 학교의 우수한 커리큘럼 및
명문 대학교 진학은 충분히 검증되었다.

비싼 학비를 내고 제주도로 이주해 아이를 국제 학교에 보내는 가장 큰 이유는 아마도 훌륭한 커리큘럼으로 공부시켜서 좋은 대학교에 보내기 위해서일 것이다. 2011년부터 설립되기 시작한 네 개의 제주 국제 학교는 모두 다른 커리큘럼으로 아이들을 가르치지만, 미국, 영국, 캐나다 등 해외 커리큘럼을 기반으로 하여 세계 최고 수준의 수업을 제공한다. 따라서 제공되는 수업을 성실히 듣고 다양한 예체능과 클럽 활동에 참여하면 졸업하기 전 이미 명문 대학교에 진학할 수 있는 충분한 자격과 준비를 갖추게 된다.

실제로 지난 10여 년 간 네 학교는 미국, 영국, 캐나다, 유럽, 아시아 등 최고 대학교에 학생들을 진학시켰고 이에 각 학교는 단단한 동문 네크워크를 갖추게 되었다. 굳이 순위를 따지자면 세계 랭킹 50위권 안의 대학교에 대부분의 학생들이 진학한다. 유학을 가지 않고 국내에서 국제 학교 커리큘럼으로 공부하며 좋은 대학교에 갈 수 있다는 것은 가장 큰 장점이고 추천하는 이유다.

아마 아이가 캐나다로 유학가는 것을 원하지 않았다면 나는 제주 국제 학교에서 아이를 졸업시키고 원하는 해외 대학교에 진학하는 경로를 유지했을 것이다. 나와 아이가 개인적으로 느낀 단점이나 한계가 있었지만, 국내에서 국제 학교를 다닐수 있고 제주도의 아름답고 쾌적한 자연환경에서 생활할 수 있는 것 또한 제주 국제 학교의 중요한 혜택이기도 했다. 그래서 누군가 나에게 의견을 묻는다면 나는 주저하지 않고 제주도로 아이를 보내라고 조언할 것이다.

엄마니까 아는 것
최근 제주 국제 학교 대학 진학 데이터 둘러보기

제주 국제 학교 졸업생들은 학교 설립 취지와 커리큘럼 특성상 대부분 해외 대학교로 진학한다.

제주국제자유도시개발센터(JDC) 자회사인 ㈜제인스가 운영 중인 영어 교육 도시 내 3개 국제 학교의 2021~2022학년도 졸업생 261명이 해외 명문대에서 1160여 건의 입학 허가를 받았다. 졸업생 중 246명이 해외 대학에 입학했다.

노스런던컬리지에잇스쿨 제주(NLCS Jeju)는 졸업생 118명 중 110명이

해외 유명 대학교인 캠브리지대, 옥스퍼드대, 스탠포드대 등에 입학했다.

브랭섬홀 아시아(BHA) 졸업생 92명 중 86명은 컬럼비아대, 코넬대, 펜실베니아대 등에 입학했고, 올해 세 번째 졸업생을 배출한 세인트존스베리아카데미 제주(SJA Jeju)도 졸업생 51명 중 50명이 해외 유명 대학교에 입학했다.

제인스 소속이 아닌 KIS 제주는 2021~2022학년도에는 제주도 소재 네 개 국제 학교 최초로 하버드 대학교 합격자를 배출하였으며, QS 세계 대학 랭킹 기준 세계 50위 이내의 미국, 영국, 캐나다, 호주, 중국, 유럽 등지의 명문 대학교로 학생들을 진학시켰다.

출처 : 제주일보(http://www.jejunews.com)

제주 국제 학교에 관해
엄마들이 자주 물어보는 질문들

아이가 제주 국제 학교에 입학하고 나서 나는 국제 학교 학부모 카페 몇 곳에 가입해서 꾸준히 활동을 해 오고 있다. 선배 엄마들의 조언에 귀 기울이고, 후배 엄마들의 고민에 공감하면서 나도 많은 것을 배웠다. 글을 많이 올리지는 않아도 댓글은 열심히 다는 편인데, 아래 게시글은 내 초기 글 중에서 인기를 얻어 카페 공지글로 등록되고 댓글도 천 개 가까이 달린 게시글이다. 아무래도 제주 국제 학교에 아이를 보내려고 생각하는 부모들의 궁금증은 비슷하여, 많이 올라오고 중복되는 질문들에 대한 답을 내 나름대로 정리해 본 2년 전 글이다.

1. "국제 학교에 가도 사교육을 해야 하나요?"

: 공립 학교나 사립 학교처럼 한국 커리큘럼으로 공부하는 곳에 사교육이 필수인지 아닌지는 집마다 다르듯, 국제 학교도 마찬가지예요. 제가 몇몇 글에 댓글도 달았지만, 사교육은 필요 없다고 학생 혼자 꿋꿋하게 알아서 잘하는 케이스도 있지만 한국에 있는 이상(그리고 아마 해외의 학교 재학생

들도) 사교육에서 벗어나긴 참 어렵습니다. 잘하면 잘해서, 못하면 못해서, 아이가 필요하다고 해서, 주위에서 다 시키니까 불안해서…… 등등 이유는 수백 가지가 넘지만 정말 케이스 바이 케이스이니까요. 원래 수능 만점자도 교과서 중심으로 EBS인강만 들었다고 하잖아요. 그게 사실인지 아닌지 확인도 어렵지만 그만큼 똑똑하고 성실한 학생이니 만점을 받았겠죠? 지인 중 딸아이가 제주 국제 학교 8학년까지는 최상위권에서 정말 혼자 알아서 잘하다가, 9학년 되니 수학 과외 시켜 달라고 해서 시작하는 경우를 봤는데, 그 집도 전까지는 "우리 애는 사교육 안 해요. 필요 없어요" 했거든요. 학년이 올라가고 아이가 원하니 또 모든 방침이 달라질 수밖에 없더군요. 그러니 사교육을 해야 하나 아니면 필요 없는가, 라는 질문은 정말 답이 없습니다.

혹시 질문하시는 의도가 '사교육은 필요 없다'라는 이상적인 답을 듣고 싶어서라면…… 현실은 그렇지 않습니다.

2. "제주 국제 학교 중 어느 학교가 좋은가요?"

: 저는 솔직히 이런 질문이 올라오면 답답합니다. 제주의 네 개 학교 모두 커리큘럼이 다르고 교사진도 천차만별이며 교

육철학도 다릅니다. 한국에 있는 이상 학부모들 입김의 영향을 아주 안 받을 수는 없겠으나, 모든 학교가 장단점이 있고 특색도 달라서 결론적으로 좋은 학교는 '내 아이가 즐겁게 잘 다니고 성적이 잘 나오는 학교'가 되겠죠. 주위에 네 개중 세 개 학교를 다 다녀본 엄마가 그러는데, 그 어느 학교도 만족스러운 학교는 없었다고 합니다. 그렇다고 그 아이가 그렇게 특별해서 옮겼는가? 아니에요. 매우 평범한 아이인데 어찌어찌하다 보니 교복을 세 번이나 사고 입학금 매번 내면서 옮긴 겁니다. 바로 주위에서 "저 학교가 더 좋대~"라는 말에 현혹돼서요. 그러니까 이런 질문도 정말 의미없어요. 대학 진학 결과가 좋은 학교가 어딘지는 학교 홈페이지에 가면 다 나와 있고, 사실…… 엄마들이 많이 선호하는 학교가 있기는 하죠. 주로 학습적으로 바라는 게 많고 아이가 더 잘했으면 하는 생각을 가진 분들이기는 하지만요. 그래서 그 학교를 보내면서 이유 없는 프라이드가 있는 분도 봤어요. 아무 의미가 없지만 말입니다.

3. (어느 특정 학교) 몇 학년 자리가 있을까요? 또는 지금 대기인데 언제 들어갈 수 있을까요?

: 이건 정말 며느리도 모르고 아무도 몰라요. 학년마다 나가고 들어가는 학생 수는 등록금 내는 시기가 지나야 확인이 되는 데다, 시험을 보면 각 학교에서 원하는 수준의 학생들 중에서 자기네 기준으로 줄을 세워 들여보내니까요. 특히나 요즘은 합격하는 것도 예전보다 어려워졌지만, 붙고 나서 혹시 대기라면 언제까지 기다려야 하는지 알 수가 없죠. 심지어 학기가 시작되고 갑자기 해외로 나간다고 해서 또 중간에 새로운 학생이 들어오기도 합니다. 그래서 결론은, 자리가 있는지 언제 들어갈 수 있는지는 학교 행정 담당자와 교장 정도가 알겠죠.

4. 그 외 학교 홈페이지에 나와 있는 내용에 관한 질문들

: 대부분 정보는 학교 홈페이지에 다 있습니다. 예를 들어 학년과 연령 표, 입학 전형, 기숙사에 대한 정보, 셔틀, 학교 일정 기타 등등요. '나무위키'라고 들어가면 각 학교 졸업생들이나 관계자가 익명으로 남긴 진짜 자세하고 숨겨진 정보도 많거든요(일명 내부자 정보). 어떤 분들은 자녀를 보내고 싶은

학교가 있는데 정보를 찾고 검색하는 데는 노력을 많이 하지 않아요. 저는 네이버, 구글, 각종 카페와 블로그 검색 등으로 정보를 모아서 정리하고, 모든 학교 설명회에 참석해서 질문하고 시험 준비를 하여 두 군데 시험 보고 붙었습니다. 나중에 보니 무슨 컨설팅이니 학원이니 하면서 저보다도 정보가 부족하거나 부정확한 곳도 있더군요. 요즘은 학교마다 인스타그램 운영도 열심이어서 거기에도 정보가 많이 올라옵니다. 학부모가 노력하는 만큼, 검색하는 만큼, 구하는 만큼 정보는 매우 많고 오픈되어 있으니 질문 올리기 전에 미리 충분히 여기저기서 찾아보셨으면 좋겠습니다. 제주 국제 학교가 인가인지 비인가인지, 한국 학력이 인정되는 안 되는지도 모르고 어떻게 지원을 하신다는 건지요?

이외에도 유형별 질문들이 많기는 하지만(예를 들어 영어를 어느 정도 잘해야 할까요? 유형 질문→솔직히 잘하면 잘할수록 좋습니다) 너무 극단적인 개인 견해로 흘러갈 수 있으므로 이 정도로 유형 정리를 마쳐 보겠습니다. 여기 카페에 선배 학부모님들이 많으시고 모두 경험이 다양하셔서 진짜 좋은 조언 많이 해 주시는 것 같습니다. 서로 의미 있고 따뜻한 조언과 정보가 오갈 수 있는 카페로 오래 유지되기를 바래 봅니다.

덧붙임

: 제주에서 제 아이가 다닌 학교 외에 다른 학교에 대해서 어떻게 아느냐고 하신다면, 저는 같은 학교 학부모들과도 교류를 했지만, 일부러 다른 학교, 학년들 어머님들과 취미 활동과 운동 등을 통해 두루두루 사귀고 친하게 지냈거든요. 그래서 학교마다 분위기도 다르고 장단점이 명확하다는 건 확실합니다. 다른 학교 엄마들이 오히려 더 편하고 정보 교환도 용이한 건 아쉽게도 현실이네요.

별생각 없이 써 내려간 이 글은 카페 학부모들의 뜨거운 관심을 받게 되었다. 질문하기는 어색하고 쑥스러운데, 내가 원하는 대답이 안 나오면 실망하는 것이 원래 교육 카페의 분위기다. 내가 가장 불성실하다고 보는 학부모는 카페에 이미 수십 번 올라온 질문과 동일한 질문을 또 하는 유형이다. 아마도 '내 자식은 그들과 다르고 나는 나만을 위한, 좀 더 상세한 답변을 원해' 라는 생각을 가진 부모일 가능성이 크다. 내가 아들을 15년간 키워 본 결과, 세상의 모든 아이들은 다 다르고 소중하고 특별하지만, 부모는 대부분 다 비슷하고 거기서 거기라는 것이라는 중간 결론에 이르렀다. 내가 궁금한 것은 다른 학부모도 궁금해하고, 내가 이상하다고 생각하는 것은 다른 이들도 고개를 갸우뚱한다. 그래서 이 책을 읽는 학부모들도 아마 위의 내용과 비슷한 궁금증이 있을 것이라 감히 예측하고 카페에서 올린 글을 공유해 본다.

　내 아이가 다닐, 또는 다니게 하고 싶은 국제 학교가 있다면 일단 학교의 공식 홈페이지의 모든 페이지를 샅샅이 찾아보라. 학교에서 공식적으로 운영하는 소셜 미디어 계정이 있다면 팔로우하고 친구가 되어 업데이트를 받아 보라. 아마 주위 사람들이 아는 것보다, 어느 카페에 올라온 정보보다 더 정확하고 자세한 학교 정보가 이미 일목요연하게 정리되어 있을 것이다.

3장
캐나다, 불안한 엄마가
선택한 기회

캐나다 교육을 선택한 이유
(feat. 캐나다 영주권)

초등학교 6학년인 인성 엄마는 아이의 해외 유학을 고려하고 있습니다. 조기 유학은 미국, 호주, 뉴질랜드, 캐나다, 싱가폴 등 다양한 선택지가 있는데 캐나다를 선택해야 하는 이유가 있나요?

"당신 정말 애 데리고 캐나다 갈 거야?"

남편은 하루에도 몇 번을 물었다.

"아직 확실하지 않아. 애가 정말 간다고 해야 가지."

나도 몇 번을 대답했다.

"너 정말 캐나다 가서 공부할 거야?"

나는 아들에게 일주일에 한 번 이상을 물었다.

"응. 갈 거야."

아들은 매번 똑같이 대답했다.

그 과정을 1년간 반복하다가 아이의 대답을 믿을 수 있게 되었을 때쯤, 나는 제주 국제 학교를 다니던 아들을 데리고 훌쩍 캐나다로 떠났다. 아이가 원하는 것이라면, 아이가 잘되는 길이라면 나와 남편은 우리가 좀 힘들더라도 다시 낯선 길 위에 설 수 있었다. 서울에서 제주도, 다시 캐나다까지 가는 여정은 나와 아들을 제외한 사람들에게는 그다지 명분이 없어 보였을 것이다. 그런데 왜 캐나다였을까? 많은 사람들이 그 이유를 궁금해한다.

조기 유학을 고려할 때 보통 미국, 캐나다, 호주, 영국, 뉴질랜드, 그리고 싱가폴, 말레이시아 등을 생각한다. 영어가 공용어인 국가를 우선 검토하면 이 정도지만, 엄마가 보호자로서 함께 갈 수 있는 곳을 고른다면 일단 동반자, 보호자 비자가 발급되지 않는 미국은 제외해야 한다. 나도 이것 때문에 캐나다로 최종 결정했다. 미국은 부모가 함께 갈 수가 없어서 아이만 혼자 유학을 보내야 하기 때문에 2년간 함께 지낼 우리 가족에게는 적합한 곳이 아니었다. 물론, 미국 영주권을 취득한다면 부모와 아이가 함께 가서 생활하며 학교를 다닐 수 있기는 하다. 하지만 이 외에도 내가 캐나다로 정한 이유는 많다.

앞서 말한 것처럼 캐나다는 내가 한국에서 가지고 있는 경력을 토대로 영주권 신청까지 진행할 수 있는 조건에 맞는 국가였다. 캐나다의 많은 주에서는 이민자가 그 주에 필요한 업종,

직종과 관련된 경력이 있다면 해외 경력이라도 인정해 준다. 예를 들어, 나는 마케팅 직종에서 20년 가까이 일한 경력을 가지고 있었기 때문에 캐나다에 가면서 이 부분을 미리 인정받고, 현지 업체에 1년간 취직해 추가 경력을 쌓았다. 내가 영주권을 취득하면, 미성년자인 아이는 직계 자녀 자격으로 함께 영주권을 받을 수 있었다. 아이가 만약 캐나다에서 계속 학업을 하고 자리를 잡는다면, 영주권은 매우 중요한 부분이었다. 대학교 학비와 졸업 후 취직 등 여러 가지 면에서 훨씬 유리하기 때문이다.

　캐나다는 지리적으로 미국과 가까워서 비슷한 점이 많다. 무엇보다 학교 시스템이나 북미식 영어를 쓰는 공통점이 있다. 미국식 영어와 캐나다식 영어를 굳이 구분하는 사람도 있지만, 두 나라가 방송과 문화 등을 대부분 공유하고 있는 상황이라 그 차이는 미미하다. 상대적으로 비교하자면 미국보다 좀 더 사회주의적 모델에 가까운 캐나다의 공립 학교는 학교 시스템, 커리큘럼, 교사진 등 여러모로 우수한 편이다. 무엇보다, 마약 문제나 총기 사고, 인종 차별 등 사회적인 문제가 그나마 미국보다 안전한 편이기 때문에 캐나다를 조기 유학의 선택지로 결정하는 경우가 많다.

실제 아이를 학교에 보내 보니 캐나다 아이들은 참 순수했다. 공부보다는 운동, 게임보다는 야외 활동을 많이 했다. 실내 놀이나 공부, 게임이 더 익숙했던 내 아이는 점차 캐나다 아이들의 세계에 익숙해졌다. 공립 학교보다 공부를 많이 시킨다던 사립 학교도 한국 엄마의 기준에서는 여유로웠다. 중학생인데도 숙제가 별로 없고, 시험은 중간에 있는 간단한 퀴즈와 학기말 시험 정도였다. 한국에서 잘 훈련받은 아이는 곧 학교 수업에 적응하고 선생님들의 인정을 받았다. 7학년 담임은 사회와 역사 과목을 가르치는 여자 선생님이었는데, 아이가 역사에 계속해서 관심을 가질 정도로 재미있고 따뜻하게 가르치는 분이었다. 나중에 보딩스쿨에 원서를 넣으면서 추천서를 부탁했는데 흔쾌히 써 주었다. 그가 써 준 추천사는 퍽 인상적이었다.

"아드님은 제게 가르치는 즐거움을 주는 학생입니다. 어느 학교든지 아드님이 입학한다면 그 학교의 행운이 될 겁니다."

앞에서 설명했듯이, 캐나다는 엄마나 아빠가 함께 합법적으로 체류하면서 아이를 공립이나 사립 학교에 보낼 수 있다는 큰 장점이 있고, 사교육 없이 평균 이상의 선진국형 교육을 경험할 수 있다. 캐나다 학교는 절대 평가 시스템이라 학생들끼리 성적이나 평가 때문에 필요 이상의 경쟁을 할 필요가 없다.

또한 캐나다 대학교는 대부분 11~12학년 내신 성적을 토대로 선발하기 때문에, 따로 대학 입학용 시험을 본다거나 '스펙'을 만들지 않아도 된다. 실제로 캐나다 학생들은 "10학년까지는 학교만 성실하게 다니고 운동하고 여유 있게 지내다가, 11학년부터 바짝 열심히 공부해서 성적을 관리하면 된다"라고 말한다. 그래서 상대적으로 늦은 학년에 캐나다에 유학 오는 한국 학생들이 고등학교 때 잘 적응하고 성적 관리를 해서 토론토나 밴쿠버, 몬트리올의 명문 대학교에 입학하는 경우를 어렵지 않게 볼 수 있다.

   종종 캐나다 교육이 느슨하고 경쟁이 없으며 학교에서 배우는 것이 별로 없다며 다시 한국으로 돌아가는 엄마들이 있다. 한국의 경쟁식, 주입식 교육에 익숙해져 있어서 계속 진도를 나가지 않고 숙제나 시험이 아이를 압박하지 않으면 극도로 불안해지는 엄마들이다. 내가 3년째 캐나다의 중·고등학교 시스템을 관찰한 결과, 절대 평가로 성적을 주기 때문에 불필요한 경쟁이 없고 아이들은 성적에 연연해하지 않는다. 하지만 영어, 수학, 과학, 사회 등 주요 과목에서 필수적으로 배워야 할 것을 배우고, 적당한 양의 과제와 퀴즈, 기말고사를 통해 적절한 수준의 학습 스트레스를 받는다. 한국처럼 모든 것이 빠르고 효율적이지는 못해도, 캐나다는 기본적으로 탄탄한 학습 능력을 키우는 것을 중요하게 생각하는 분위기다.

영어권 국가에서 아이를 가르치고 싶고, 지나친 학업 스트레스 없이 안전한 환경에서 다양한 문화를 경험하는 것도 중요하다고 생각한다면 캐나다는 매우 좋은 나라다. 하지만 선행과 사교육, 경쟁이 더 필요하다고 생각하는 경우 캐나다는 맞지 않는다. 개인간의 경쟁보다는 개인의 꾸준한 학습적 성장을 중요하게 생각하는 문화이기 때문이다. 그러므로 일단 나와 내 아이가 어떤 성향이고 무엇을 원하는지 고민하는 것이 우선이다.

아이가 나보다도 먼저 해외로 나가서 유학 생활을 하고 싶어 했고, 나는 그 목적지로 캐나다를 선택했다. 대치동에서도, 제주도에서도 불안한 엄마였던 내가 캐나다에서 불안하지 않았다면 거짓말이다. 아이를 위해 찾아 떠난 선택이었고, 지나고 보니 캐나다는 내 아이가 잘 적응하고 제대로 된 학업을 이어나갈 수 있는 최적의 환경과 조건을 갖춘 곳이었다. 결론적으로 아이는 나와 본인의 결정에 대해서 매우 만족하고 있으며, 고등학교에 올라가서도 행복한 학교 생활을 하고 있다.

엄마니까 아는 것
캐나다 영주권자 혜택

1. 자녀 학비 무료 – 초·중·고 공립 학교 학비가 전액 무료이며, 대학교의 경우 국제 학생이 내는 1/3 정도 또는 이하의 학비만 내면 된다.

2. 자녀의 대학 진학 시 자유 지망 – 의과 대학원이나 일부 학과는 영주권자와 시민권자만 허용하기 때문에, 특정 전공을 공부하려면 영주권이 필요하다.

3. 의료비 전액 무료 – 치과와 일부 과를 제외한 의료비가 원칙적으로 무료이다.

4. 다양한 복지 제도 – 잘 갖추어진 사회 보장 제도 혜택이 다양하다. 은퇴 연금이나 자녀 양육 혜택이 주 별로 운영된다.

5. 신분의 안정 – 근로나 학업을 위해 일시적으로 허가를 받는 경우 캐나다 내 체류에 제한이 많은데 비해, 영주권자는 취업과 학업 여부에 상관없이 체류가 가능하다.

6. 기타 – 캐나다 시민권 취득을 희망할 경우, 영주권자로 3년 이상 체류하면 자격이 생긴다.

핼리팩스가 어디? 나는 어디?

캐나다 조기 유학을 고려 중인 초등학교 5학년 민영이 엄마는 밴쿠버 공립 초등학교과 다른 지역 소도시 사립 학교 중에 어떤 학교를 선택하는 것이 더 좋을지 고민합니다.

나는 캐나다에 올 때부터 단순히 아이의 조기 유학만을 생각하지 않았다. 미국에서 유학해 본 내 경험에 비추어 볼 때, 외국인으로서 학생 비자나 취업 비자에 기대어 사는 것은 매우 불안하고 험난했기 때문이다. 그래서 나는 처음부터 캐나다 영주권 취득까지 염두에 두고 비행기 표를 끊었다. 내가 가진 경력과 학력, 영어 점수로 영주권 신청을 할 방법을 먼저 모색한 것이다. 그 결과 영주권의 가능성이 상대적으로 높은 지역은 이민정책을 적극적으로 운영하는 몇몇 주였고, 나와 아이는 캐나다 동부 노바스코샤주의 주도 핼리팩스에 정착했다.

한국 엄마들이 자녀의 캐나다 조기 유학을 고민할 때 보통 토론토와 밴쿠버를 제일 먼저 염두에 둔다. 인프라가 잘 갖춰져 있고 생활 편의 시설이 좋으며 한국에서 직항 항공편이 운항되기 때문이다. 또한 한인 커뮤니티가 형성되어 있어서 한국 음식을 사먹거나 마트에 다니기도 편하다. 그러나 이런 대도시는 신규 이민자가 필요할 만큼 노동력이 부족하지는 않기 때문에, 취업과 영주권까지 계획한다면 상대적으로 적극적인 이민 정책을 펼치는 주로 처음부터 방향을 정하는 것이 현명하다. 그 예가 노바스코샤 주, 뉴 브런스윅 주, 매니토바 주, 사스캐치원 주 정도다. 인구가 아직 부족하고 경기를 활성화 시켜야 하는 부담을 가지고 있는 주의 주정부들은 각기 상황에 맞는 이민 프로그램을 만들어 다양한 직군에서 일할 이민 희망자들을 초대하고 있다.

아이는 핼리팩스의 사립 학교 7학년으로 입학했다. 내가 캐나다 공립 학교가 아니라 사립을 고른 이유는, 학교 교사나 시스템이 아이에게 좀 더 세심한 배려를 해 줄 수 있다고 여겼기 때문이다. 캐나다 공립 학교는 주마다 약간 차이가 있지만 사회주의적 성향이 강한 민주주의 국가인 캐나다의 영향을 받아, 누구나 공평한 교육과 돌봄을 받는다. 이 시스템이 평균에 가깝거나 미달인 아이에게는 만족도가 높겠지만, 외국인이나 평균보다 높은 학력을 가진 아이에게는 최선이 아니라는 뜻도 된다. 나는 학비가 좀 들더라도 내 아이가 당당하게 본인이 필요로 하는 교육을 받기를 원했다. 한 학년이 80명 정도, 전체 학생이 500명이 좀 안되는 아이의 학교는 핼리팩스에서는 지역 유지들이 보내는 곳이었다. 나중에 알게 된 것이기는 하지만, 학부모들은 지역의 대학 교수들, 의사, 변호사, 사업가, 공무원들이 많았다. 외국에서 온 유학생은 전체 인원의 10~15% 정도로 너무 적지도 많지도 않았다.

아이가 학교에서 하루하루 새로운 자극과 문화를 습득하는 동안, 나는 제주도와는 또 다른 캐나다 소도시 생활에 익숙해져야 했다. 대서양을 바라보는 곳에 위치한 핼리팩스는 옛날에는 항구가 꽤 커서 각종 무역과 조선업으로 성했던 도시다. 경제 인구가 부족한 캐나다는 이민자를 적극적으로 받아들이고 있어 인도, 중국, 중동계 이민자들이 급격히 늘고 있는데, 핼리팩스는 그중에서도 절대적으로 백인 인구가 많은 곳에 속한다. 그리고 오랜 시간 대를 이어 그 지역에 살고 있는 사람들이 많아서 생각보다 보수적이고 가족 중심적인 지역 사회의 특징을 보였다. 아이의 친구들을 보면 프랑스계나 그리스계 캐나다인 등이었는데, 주말 뿐 아니라 대부분의 시간을 가족끼리 보내며 외가 친가와도 매주 만나는 분위기였다.

인구 60만 명 정도 규모의 핼리팩스 같은 지역 사회에 살면 캐나다에서 가장 평균적인 일상을 경험할 수 있는 장점이 있다. 대도시에 비해 상대적으로 생활비가 적게 드는 장점 외에, 나름의 캐나다 역사를 가지고 있는 곳이라 캐나다의 특징과 개성 등을 지역 행사와 유적지 등을 다니며 경험할 수 있다. 캐나다의 겨울은 매우 길어서 겨울 스포츠를 즐기기에 최고다. 동네마다 아이스 링크가 있어서 아이스하키와 스케이트를 무료로 경험할 수 있다. 또한 차로 한 시간쯤 가면 스키장도 두 개 정도 있어서 11월 초부터 3월 말까지 스키와 스노우 보드를 탈 수 있다.

봄, 가을은 학교 방학이 중간중간에 있어서 아이와 함께 핼리팩스 인근 지역이나 몬트리올, 토론토, 퀘백 등 도시들로 여행을 많이 다녔다. 차로 세 시간에서 다섯 시간 정도면 닿는 거리에는《빨간 머리 앤》의 고향으로 유명한 프린스 에드워드 아일랜드와 단풍이 아름다운 케이프 브레튼 등이 있다. 나와 아이는 캐나다의 아름다운 풍경과 친절한 사람들을 만나며 예전에는 느끼지 못했던 단순함의 매력도 찾았다. 삶은 화려하고 근사한 것으로만 빛나는 것이 아니라, 소박하고 단순한 것으로도 은은하게 윤택이 흘렀다. 이런 인생의 진리를 캐나다에서 찾은 것은 우연한 행운이었다.

캐나다로 아이들의 유학이나 이민을 생각한다면, 대도시가 아닌 핼리팩스 같은 지역을 먼저 알아보기를 권한다. 직항이 없고 한인 커뮤니티가 작은 등의 단점이 있으나, 오히려 더 캐나다스러운 삶을 경험할 수 있고, 이민의 기회도 많으며, 비용이 저렴한 훌륭한 사립 학교도 선택지가 많다. 그리고 자연환경은 대도시보다 훨씬 깨끗하고 아름다워서 자녀와 함께 멋진 추억을 만들기에도 안성맞춤이다.

핼리팩스 외에 뉴 브런스윅 주의 몽튼, 프린스 에드워드 아일랜드 주의 샬럿타운, 매니토바 주의 위니펙, 사스캐치원 주의 레지나 등이 비슷한 선택을 할 수 있는 도시라고 생각한다.

엄마니까 아는 것
핼리팩스 사립 학교 소개

Halifax Grammar School :

1958년에 세워진 사립 학교로 상대적으로 역사가 짧지만 가장 아카데믹한 분위기다. 전체 학생은 600명 정도로, 아틀랜틱 캐나다 지역에서는 가장 큰 규모이고, 예체능 프로그램도 활발하게 운영한다. JP~12학년까지 남녀공학. 연간 학비는 캐나다 달러로 $17,000~22,000 정도다.

Ambrae Academy :

1887년에 설립된 사립 학교. 전체 학생이 260명 정도로 규모가 작지만, 수준 높은 교육을 자랑한다. 유치원부터 12학년까지 남녀공학으로 운영된다. 특정 종교 색이 없고 방과 후 프로그램도 잘 구성되어 있다. 연간 학비는 캐나다 달러로 $15,000~20,000 사이이며, 국제 학생은 $30,000이다.

Sacred Heart School of Halifax :

핼리팩스에 있는 가톨릭 사립 학교. JP~6학년은 남녀공학 교육을, 7~12학년에는 성별을 나누어 수업한다. 전 세계 Sacred Heart 학교의 글로벌 네트워크 소속이며, 소규모로 내실 있는 교육이 이루어진다. 한 학년에 두 개 정도 반이 있고 가족적인 분위기가 특징이다. 연간 학비는 캐나다 달러로 $15,000~21,000 수준이다.

운동에 진심인 캐나다 학생들

캐나다로 유학을 가면 어떤 학생들이 적응을 잘하나요? 공부가 제일 중요한지요? 다른 것은 무엇을 어떻게 준비하면 될까요?

캐나다는 아이나 어른이나 모두 운동이 일상 생활에 녹아 있다. 겨울이 긴 나라이기 때문에 하루라도 해가 반짝 뜨거나 온도가 올라가면, 모두들 열일 제치고 무조건 야외에 나와 뛰거나 공을 찬다. 다른 것은 몰라도 운동에는 정말 진심인 나라다. 잘 알려진 것처럼 캐나다는 아이스하키가 국가 대표 스포츠이고, 축구, 농구, 배구, 육상, 수영, 스케이트 등 다양한 종목의 스포츠도 대중화되어 있다.

캐나다 유학 생활은 아들이 스포츠에 대해서 관심을 가지게 된 계기가 됐다. 축구, 수영, 농구 등 이런 저런 운동을 시켜 봐도 딱히 관심이 없던 아이였다. 그나마 초등학교 1학년 때 시작한 야구는 땡볕에 서너 시간을 서 있어도 버티기에, 역시 몸이 부딪히는 운동보다는 혼자서만 잘하면 되는 종목을 좋아하나 보다 싶었다. 그 외 한국에서 해 봤던 축구와 수영, 테니스는 아예 관심이 없어서 시키는 만큼만 겨우 해내는 정도였다.

　아이가 캐나다에서 처음 다녔던 사립 학교는 각종 스포츠 학교 대표팀이 있었고 학교 간의 시합을 통해 매해 챔피언도 선발했다. 봄, 가을, 겨울 진행되는 종목이 달라지는데, 봄에는 축구, 필드 하키, 야구 등 주로 야외에서 가능한 운동을 했다. 가을은 달리기와 배드민턴, 탁구, 테니스 시즌이고, 겨울에는 아이스하키와 농구, 배구, 수영 시즌이었다. 아이는 첫해인 7학년 때 학교에서 대부분의 트라이 아웃(운동 오디션)에 지원했다가 탈락했고, 특별한 능력이 필요치 않은 프리즈비(원반 던지기) 정도나 학교팀에 들어갈 수 있었다. 운동도 타고난 재능이 어느 정도 있어야 한다고 믿던 터라 시도하겠다는 아이의 의지만 칭찬했다. 지금도 그렇지만 나는 아이가 새로운 것을 해 보겠다고 하면 '일단 해 봐'라고 한다. 실패하더라도, 남이 인정해 주지 않더라도 그런 경험이 모여 스스로의 힘이 된다고 믿기 때문이다. 엄마인 나도 불안했지만 아이에게는 실패의 불안감보다는 도전 정신을 가르쳐 주고 싶었다.

8학년에 올라가고 몇 달 후 어느 날, 아이가 학교 육상 대표로 선발됐다고 했다. 100m, 400m, 그리고 1600m 계주까지 학교 대표로 대회에 나갈 예정이라고. 달리기 하는 것을 본 적도 없는데 무슨 일인가 싶었다. 트라이 아웃에 지원하겠다고 하기에 평소대로 그러라고 하고 무심코 넘겼는데, 8학년 남학생 육상 대표로 뽑힌 것이다. 그러다 몇 주 후에는 학교 대표로 핼리팩스 내 중·고등학교가 참여하는 육상 대회에서 400m와 1600m 계주 본선에 올라갔다. 집안의 경사였다. 운동과는 거리가 먼 아이라고 생각했는데, '나도 잘하고 싶다', '나도 운동으로 인정받고 싶다'는 아들의 욕구가 처음 빛을 발한 듯했다.

나는 갑자기 열혈 학부모가 되어 아이의 육상 대회를 두 번이나 따라갔다. 대회에 참가한 캐나다 중·고등학생들은 모두 전문 운동선수처럼 보였다. 길쭉한 체형에 단단한 근육까지, 책상 앞에 앉아 공부만 하는 한국 중고생과는 완전 달랐다. 마치 올림픽 대회에 참가하는 선수들처럼 힘이 뿜어 나오고 열정이 하늘을 찔렀다. 그중에서도 특히나 여리여리한 내 아이의 달리는 모습이 눈에 들어왔다. 다시 보니 아이는 마른 체형이어도 하체가 길고 순발력이 있는 편이라 중거리에 잘 맞는 달리기 선수였다. 추운 날씨에도 아이는 열심히 달렸다. 몇 분을 달리기 위해 하루 종일 야외에서 대기해야 하는 상황에서도 아이의 표정은 상기되어 행복해 보였다. 계주를 하면서 친구들과 바통을 주고받는 모습은 늠름해 보였다. 주 대표를 뽑는 대회에서 3위 안에 들지 못해 아쉽게도 메달은 받지 못했지만, 아이의 육상 선수 경험은 계속 몸을 만들고, 운동하고 달리는 습관을 만들어 주었다. 요즘도 아이는 틈만 나면 헬스장에 가서 혼자 운동을 한다. 운동이라면 재미없고 싫다고 피하던 모습은 어디로 갔는지, 캐나다가 내 아이를 완전히 바꿔 놓았다.

캐나다 학교에서도 물론 학습적인 부분을 중요하게 생각한다. 그러나 공부 외에 건강한 신체와 정신을 가꾸는 것이 교육의 일부분이라는 것이 캐나다 교육의 철학이다. 그래서 아이스하키, 축구, 농구, 야구 등 주요 스포츠는 주 단위를 기본으로 해서 도시와 커뮤니티 별로 다양한 수준의 리그가 운영된다. 실제로 캐나다에 유학 와 빨리 적응하고 만족스러운 학교생활을 하는 한국 학생들은 종목에 관계없이 운동을 좋아하는 경우다. 아들 친구 중 하나는 한국에서 아이스하키를 유치원 때부터 취미로 했었는데, 캐나다에 오자마자 중학교 대표팀 주장으로 선발되어 2년간 적극적인 활동을 했다. 캐나다는 걸음마를 할 때부터 하키를 시키는지라 워낙 잘하는 학생들이 많기 때문에 실제 프로까지 가는 엘리트 코스는 아니었지만, 학교들 간의 시합이 정기적으로 열리는 겨울 시즌이 되면 학업과 아이스하키 모두 열심히 수행했다.

대학 입학이 지상 최대 과제인 한국과는 달리 캐나다는 대학교 입학 문턱이 낮은 편이다. 기본적인 학습 능력을 갖추고 학업 의지가 있는 학생들에게 일단 대부분 대학 진학의 기회를 준다. 그리고 실제 경쟁은 대학교 4년 간 치열하게 펼쳐진다. '공부는 대학교에 가서 본격적으로, 할 사람만 하라'는 분위기다. 그래서 초·중·고등학교 12년 동안에는 학생이 원하고 능력만 된다면 학교와 커뮤니티 시설에서 다양한 운동을 경험할 수있다. 개인적으로는 이런 환경이 캐나다 교육의 큰 장점 중 하나라고 생각한다.

캐나다 조기 유학을 고려하고 있는 엄마라면, 팀 스포츠 하나 정도는 미리 준비하는 것을 권한다. 잘하면 더 좋지만, 조금 부족해도 최대한 기회를 주려는 것이 캐나다 학교의 분위기이므로 스포츠를 통해 팀워크를 배우고 건강하게 성장할 수 있는 환경이 만들어진다고 생각하면 된다. 건강한 정신과 신체의 조화, 그것이 매우 중요한 가치이며 아이들은 그 안에서 공정한 경쟁의 의미와 땀 흘리는 노력의 가치도 배울 것이다.

엄마니까 아는 것

'한국 유학생들이 도전하기 좋은 스포츠 추천'

운동에 관심이나 재능이 없어도 한두 가지는 참여할 수 있는 종목이 있어야 한다. 같은 아시아권인 중국계 학생들은 배드민턴과 탁구에 특히 소질을 보이고 대회도 많이 나간다. 한국 학생들은 개별 차이가 있지만, 운동을 좋아하지 않는 아이라면 조금 독특한 비인기 종목을 고려해 보는 것도 좋다. 예를 들어 프리스비(원반 던지기)는 의외로 캐나다에서 많이 즐기는 스포츠다. 중·고등학교 대표팀도 있을 정도다. 프리스비는 특출한 운동 신경을 요구하는 것은 아니어서, 초보가 도전하기에 적당하다. 원반을 던지고 받는 정도만 열심히 하면 된다. 또 하나 종목은 육상 중거리다. 단거리와 장거리는 아무래도 운동에 최적화된 캐나다 학생들이 유리한데, 의외로 400m, 800m 중거리는 동양권 학생들이 두각을 나타내는 경우가 있다. 달리기에 관심만 있다면, 충분히 도전해 볼 만한 스포츠다.

중학생 아이의 독립 선언,
보딩스쿨에 지원하다

보딩스쿨은 미국이 유명한데, 캐나다의 보딩스쿨은 어떤 특
징이 있는지, 지원 준비는 어떻게 하는지 궁금합니다.

　부모의 궁극적인 역할은 자녀를 잘 독립시키는 것이라고 한
다. 나도 동의한다. 사회 구성원으로서 본인의 책임과 의무를
다하는, 성실하고 건강한 어른으로 키우는 것이 아이 엄마의
역할이라고. 그런데 내 아이는 너무 일찍 독립을 선언했다. 캐
나다에 간지 1년 반, 만 13세의 나이에, 기숙사가 있는 학교로
가겠다고 선언한 것이다. 불안한 엄마는 또다시 걱정할 수밖에
없었다.
　원래부터 아이의 로망이 해리포터가 공부하던 호그와트 같
은 기숙사 학교에서 공부하는 것이기는 했다. 나도 그 꿈을 굳
이 말리고 싶지는 않았다. 본인이 원한다면, 본인의 의지가 확

실하다면 그것이 무엇이든 엄마로서 응원하고 지지해 주자는 것이 내 기본 양육 철학이었다.

캐나다 핼리팩스에서 사립 학교를 잘 다니던 아이는, 계속 캐나다에서 공부를 할지, 다시 한국으로 돌아갈지 아니면 미국으로 갈지 여러 가지 선택지 중에서 나름 고민했던 것 같다. 일단 2년은 내가 함께 캐나다에서 챙겨 주기로 했고 그 이후는 다시 생각해 보자 하던 터였다. 그러다 중간에 캐나다 영주권을 신청하게 됐고, 아이는 캐나다에서 계속 학업을 이어 나가겠다는 쪽으로 생각을 정했다. 그리고 기숙사가 있는 학교로 진학해서 엄마 없이 혼자 학교를 다니겠다고 했다.

'아들이 9학년부터는 기숙사 학교에 갈 수도 있겠다'라고 생각은 하고 있었지만, 막상 중학생 아이가 스스로 그렇게 최종 결정을 하고 나니 걱정이 앞섰다. '내 아이가 혼자서 기숙사에서 지내며 학교를 잘 다닐 수 있을까'라는 근본적이고도 크나큰 우려가 생겨났다. 아침에 혼자 시간에 맞춰 일어날 수 있을까. 숙제와 시험 준비를 혼자 마감에 맞춰 잘 해낼 수 있을까. 갑자기 아이가 아프면 어쩌나. 내가 돌보지 않아도 학교에서 대신 아이를 챙겨 줄까. 수많은 걱정과 불안이 꼬리에 꼬리를 물고 이어졌다. 하나뿐인 자식을 멀리 혼자 떨어뜨려 놓을 생각을 하면 잠도 오지 않았다.

그래도 나와 남편은 아이의 결정을 존중해 주기로 했다. 비록 1년 중에 대부분의 시간을 떨어져 지내게 되더라도, 아이가 원한다면 우리가 더 참고 인내하기로 한 것이다. 그래서 이후 아이가 8학년 1학기를 시작할 때 보딩스쿨을 알아보기 시작했다. 캐나다에도 여러 개의 보딩스쿨이 있는데, 일단 열 개 정도 목록을 만들어 여러 가지 항목에 따라 장단점과 특징 등을 정리했다.

학교명, 위치, 홈페이지, 학생 수, 설립 연도를 기본으로, 남녀공학인지 여부와 학비, 그 외에 학교 커리큘럼도 꼼꼼하게 정리했다. 그다음 할 일은 각 학교의 홈페이지나 이메일을 통해 학교에 대한 자료를 우편 또는 이메일로 받을 수 있도록 요청하는 것이었다. 모든 학교는 학교에 관심 있는 학부모나 학생들의 문의와 요청에 매우 적극적으로 대응한다. 그래서 자료는 우편과 이메일 등으로 신속하게 받을 수 있었다. 엄마 입장에서 궁금한 항목들을 정리하는 동시에, 아이에게는 각 학교 홈페이지를 방문해 메뉴별로 자세한 정보를 모두 살펴보기를 권했다. 아이는 열 개 정도 되는 캐나다의 보딩스쿨 홈페이지를 즐겨찾기 해 두고 시간이 날 때마다 들어가서 이것저것 살펴봤다.

캐나다 보딩스쿨은 크게 서부 밴쿠버 지역과 동부 토론토 지역으로 나뉘어 있다. 학교를 알아보는 초기에는 한국과 지리적으로 가까운 밴쿠버 인근 지역의 학교들에 더 관심이 많았다. 남녀공학 두 군데와 남학교 한 군데 등 총 세 개 학교의 정보를 정리해서 추렸다. 그리고 동부 지역의 닷섯 개 학교도 추가적으로 정보를 정리해서 비교가 되도록 표를 만들었다. 이렇게 해 두니 한 눈에 모든 학교의 장단점과 특징을 비교할 수 있어서 도움이 됐다.

캐나다 사립 고등학교 시스템은 크게 AP와 IB 커리큘럼으로 구분된다. 각 학교의 교육 철학과 시스템에 따라 AP 또는 IB로 나뉘는데, 나는 아이의 성향과 관심 분야 등을 고려해 최종적으로 IB 학교는 제외했다. 캐나다 보딩스쿨 중에 IB 커리큘럼을 운영하는 곳에 명문 학교가 많기는 했지만, 내 아이가 IB 보다는 AP에 더 잘 맞고 대학 진학 준비도 상대적으로 용이할 것 같았기 때문에, 최종 지원한 다섯 개 보딩스쿨은 모두 AP 학교였다.

보딩스쿨에 지원할 때 보통 제출하는 서류는 다음과 같다:

　-현재 학교 2년치 성적표

　-현재 학교 선생님들의 추천서(주로 영어, 수학 담당 교사)

-SSAT, TOEFL 등의 공인 시험 성적(학교에 따라 필수 제출 또
는 선택 사항)

그리고 모든 보딩스쿨은 입학처 담당자나 학교 교사, 교장
등이 직접 지원자와 인터뷰를 한다.

지역이 멀기 때문에 주로 온라인으로 시간을 정하고 진행하
는데, 내 아이의 경우에는 평균 30분에서 길게는 한 시간 정도
인터뷰가 진행됐다. 내가 미리 예상 질문을 뽑아서 아이에게
주었고, 아이는 그에 대한 답변을 본인이 미리 고민하고 머릿
속에 정리해서 인터뷰를 준비했다. 처음 두 번 정도는 긴장해서
실수도 하고 말하고자 하는 것을 미처 대답하지 못하기도 했
지만, 인터뷰가 거듭될수록 답변도 유려해지고 자신감도 붙는
것 같았다. 방에서 온라인 인터뷰를 할 때마다 나는 밖에서 귀
를 대고 듣고는 했는데, 마치 내가 시험을 보는 것처럼 긴장된
순간이었다.

결론적으로 아들은 지원한 다섯 개 학교에 모두 합격했고,
그중 자신의 성향과 가장 잘 맞을 것 같은 학교로 최종 결정했
다. 남녀공학이고, 다양한 스포츠 클럽에 가입해 경험할 수 있
으며, 기숙사 시스템이 잘 운영되고 있는 오랜 역사를 가진 학
교였다. 현재 9학년에 재학 중인 아들은 자신이 원했던 대로 만

열다섯 나이에 독립 아닌 독립을 했다. 아침에 일어나 저녁에 하루를 마무리할 때까지 온전히 혼자의 힘으로, 생각으로 결정하고 움직이며 공부한다.

만약 자녀가 유학을 가고 싶어 한다면, 미국이나 캐나다의 보딩스쿨은 좋은 선택지 중 하나다. 수많은 학교 중에서 내 아이와 잘 맞을 곳을 조사하고 고르는 것은 엄마의 도움이 있어야 가능하다. 가장 바람직한 것은 엄마와 아이가 함께 알아보고 비교해서 선택하는 과정이다.

엄마니까 아는 것
보딩스쿨 인터뷰 질문 리스트

캐나다 보딩스쿨에 셀프 지원하고 준비하며 아들과 함께 예상했던 인터뷰 질문 리스트. 학교에 따라 여기에 추가되는 질문도 있지만 대부분 기본 질문은 비슷했다.

Tell us about yourself.
(자기 소개-주로 첫 질문으로 많이 나옴)

Why are you pursuing a boarding school education?
(보딩이나 국제 학교 지원 동기)

What is your current school like? What do you like about it?
(지금 다니고 있는 학교가 어떤지 묻는 질문)

Describe your personal strengths and weaknesses?
(자신의 장단점 또는 강점 약점)

Are you involved with extracurricular activities?
(학업 외 하고 있는 활동들, 취미)

Tell us about an accomplishment that has made you feel especially proud.
(본인이 직접 성취한 것에 대해 자랑할 타이밍)

Tell us about a time where you've demonstrated leadership.
(리더십에 자신있다면 다시 한 번 어필할 타이밍)

What questions do you have for us?
(학교 측에 물어보고 싶은 질문들-의외로 중요)

캐나다 보딩스쿨 실제로 다녀 보니……

캐나다는 미국에 비해 보딩스쿨이 많지 않은 것 같아요. 실제 캐나다 보딩스쿨의 일상은 어떤지 궁금합니다.

보딩스쿨은 말그대로 '기숙사 학교'다. 학업 외에 자는 것, 먹는 것 등 학기 중에 모든 것을 학교에서 해결하는 시스템이다. 학교마다 조금씩 다르지만, 기본적으로 기숙사의 사감이 학생들을 관리하고, 방학이나 휴일을 제외하면 원칙적으로 외출은 금지되고 사전에 부모나 보호자의 허락이 있어야 학교 밖으로 나갈 수 있다. 캐나다는 미국에 비해 보딩스쿨의 수가 많지는 않다. 하지만 북미 지역의 최초 남자 기숙사 학교가 가장 먼저 캐나다에서 시작되었으니, 나름의 역사와 전통은 가지고 있다.

1. 사춘기 아이, 먹고 자고 씻는 문제는 어찌 해결하는가?

삼시 세끼 학교 음식으로 먹다 보니 좀 질리는 부분이 있다. 주말에는 가지고 간 컵라면을 먹거나 배달앱(우버이츠, 스킵더 디쉬 등)으로 피자와 샌드위치도 추가로 주문해 먹는다. 한식이 없어도 불편함이 없는 아이지만 학기 중에 라면, 떡국, 컵밥 등 여러 가지 사서 잔뜩 보낸다. 씻는 것은 공용 화장실과 샤워실을 사용한다. 아이 말로는 매일 씻는다고 하는데, 확인할 방법은 없다. 드림렌즈와 치아 교정기를 사용하는 아이는 매주 일요일 정기 세척을 한다.

아이는 이층 침대 방을 배정받아 침대 아래 칸에서 자고 있는데, 서로 뒤척이는 소리에 불편한 점이 있었지만 곧 익숙해졌다고 했다. 룸메이트는 얌전한 캐나다 아이인데 아버지가 학교 동문이고 아버지가 쓰던 기숙사의 같은 방에 배정받았다고 한다.

세탁물은 바구니에 담아 기숙사 건물 지하 빨래방 이모님께 가져가면 깨끗하게 빨래해 접어서 픽업하게 준비해 준다고 한다. 어쩌면 빨래는 엄마인 나보다 더 잘해 주실지도 모르겠다.

2. 공부는 어떻게 하고 있는가?

개학 후 보름은 수업 변경이나 조정이 가능해서 시험을 보고 위 레벨로 올라가는 것이 가능하다. 9학년 기준으로 수강하는 수업은 총 8과목이라 그리 부담되는 수준은 아니다. 하지만 수업 시간에 자주 퀴즈를 보고 점점 과제도 많아지며, 방과 후 활동도 다양하게 해야 하는 만큼 학생 스스로가 시간 배분을 잘해야 한다.

보딩스쿨에 다니는 9, 10학년은 공부 습관을 위해 매일 저녁 모여서 단체 자습을 하는데, 일종의 야간 자율 학습 시스템이며, 모르는 것이 있으면 선배, 사감이나 교사가 도와주기도 한다.

3. 운동과 방과 후 활동(교과 외 활동)은 어떻게 운영되는가?

매 학기 신청할 수 있는 스포츠가 여러 가지 있는데 이번 가을 학기에 아들은 미식축구에 처음 도전했다. 학교 대표팀은 따로 있고 교과 외 활동의 일부로 배우려는 학생들을 기초 체력 정도만 체크하고 참여하게 한 것이다. 아들은 원래 몸 부딪히는 운동은 싫어하던 성향이었으나 거친 미식축구의 매력에 푹 빠졌고 거의 매일 연습과 게임에 참여했다. 그

외 학교 투어 클럽, 합창단, 밴드 등 여러 클럽도 참여하면서 아주 바쁘게 지냈다.

봉사 활동의 경우 학교에서 여러 형태로 프로그램이 있어서 강아지 목욕 봉사에서부터 해외 봉사까지 선택할 수 있다. 학교 측에서는 연간 최소 50시간을 자원 봉사에 할애하도록 권장한다.

4. 매우 잦은 단기 방학이 문제?

거의 한 달에 한 번은 방학이나 휴일이 있다. 자신의 학교는 기숙사에서 남아 캐나다 추수 감사절을 지낼 수 있었는데, 20여 명 정도가 남아 각자 운동도 하고 영화 관람도 하며 쉬었다고 한다. 단기 방학에는 다른 도시에 있는 친구 집에 놀러가는 경우도 있고, 그 외 학교 자체 여행 패키지를 신청할 수도 있다. 캐나다 내 다른 도시로 여행하거나, 학과 프로그램과 연계해 프랑스, 이탈리아 등지로 어학연수를 갈 수도 있다.

엄마니까 아는 것
캐나다 사립 보딩스쿨

[서부]

Brentwood College School (Mill Bay, BC)

https://www.brentwood.ca/

9~12학년 350명은 '올 보딩' 스쿨이다. 8학년은 80명이며 학교 근처에서 통학하는 학생들이 다닌다. 1923년에 설립되었으며, 학업 외에도 예체능 교육에 신경을 많이 쓴다. 태평양 바다가 바로 앞에 펼쳐진 캠퍼스가 유명한데 조정 팀이 매년 우수한 성적을 거둔다.

St. George's School (Vancouver, BC)

https://www.stgeorges.bc.ca/

유치원부터 12학년까지 1,100여명이 재학하는 남학교다. 보딩은 10~15%정도의 시니어 스쿨 학생이 다닌다. 1931년에 설립되었고, 밴쿠버 지역에서는 역사와 전통을 자랑하는 남자 사립 학교로 알려져 있다. 학업적으로 매우 우수하며, 다양한 스포츠에서도 좋은 성적을 보여 준다. 학생의 80%이상이 학교 대표팀에서 선수로 활약한다.

Shawnigan Lake School (Shawnigan Lake, BC)

https://www.shawnigan.ca

밴쿠버 아일랜드에 위치한 남녀공학 보딩스쿨이다. 전체 학생 규모는 500여 명 정도인데, 8학년에서 12학년까지 있다. 90%이상이 보딩이며, 작은 학교답게 매우 가족적이고 환경 친화적인 학교로 유명하다. AP 프로그램이 운영되며, 교사와 학생 비율이 8:1 정도다.

[동부]

Appleby College (Oakville, ON)

https://www.appleby.on.ca/

온타리오주 토론토 옥빌에 위치한 남녀공학 사립 학교. 보딩 비율이 높지는 않지만, 7~12학년 800여 명 중 약 15~20% 학생이 4개의 '하우스'에 소속되는 보딩 시스템은 다양한 활동과 이벤트로 잘 운영되고 있다. 매년 20%의 졸업생이 미국 대학교로 진학하는 것이 특징. 그만큼 학업적으로 경쟁하는 분위기가 있다. 1911년에 설립되어서 상대적인 역사는 짧지만 국제 학생들이 유학 오는 경우도 많고 데이스쿨 입학 경쟁률이 높은 편이다. AP 프로그램을 운영한다.

St. Andrew's College (Aurora, ON)

https://www.sac.on.ca/

토론토 오로라에 위치한 남자 사립 보딩스쿨. 1899년에 설립되었고 5~12학년에 660명 정도의 학생이 재학 중이다. 역사가 오래된 만큼 학교 출신 동문들이 캐나다에서 다양하게 활동 중인 것으로 유명하다. 하키, 농구, 수영 등 여러 종목에서 매년 두각을 나타내거나 우승한다. 수학 경시 대회와 디베이트 대회에서도 우수한 성적을 거두는 것으로 유명하다. 약 25% 정도의 학생들이 기숙사 생활을 한다.

Trinity College School (Port Hope, ON)

토론토 인근 포트 호프에 위치한 남녀공학 사립 보딩스쿨. 1865년에 설립되어 긴 역사와 전통을 자랑한다. 인근 지역 학교 중에서는 가장 보딩 비율이 높은 만큼, 보딩 시스템이 잘 운영되고 있다. 학업적인 면과 함께 예체능, 인성 교육에 신경을 많이 쓰는 편이다. 보딩은 9~12학년 학생으로 구성되며 하우스는 6개(데이 4개), 전체 학생은 600명 정도다.

캐나다 대학교는 어떻게 다른가?

캐나다에도 다양한 대학교들이 있는 것으로 알고 있어요. 한국 유학생들이 선호하는 대학교는 주로 미국에 있는데, 캐나다 대학교들만의 장점이나 특징이 있을까요?

캐나다에서는 고등학교 졸업 후 50% 정도의 학생들이 2년제나 4년제 대학에 진학한다. 고등학교를 졸업하고 나서 바로 일을 하거나 다른 형태의 기술을 배우는 학생도 많기 때문이다. 그래서 한국과는 여러 가지로 대학 진학 이유나 분위기가 좀 다르다고 볼 수 있다. 캐나다에는 223개의 4년제 공립, 사립 대학교와 213개의 2년제 대학이 있다. 캐나다 통계청에 따르면, 이 대학들은 운영 자원의 45.8%를 정부에서 보조받고 나머지는 학생들의 등록금과 기부금으로 충당한다. 따라서 영주권자, 시민권자 학생들은 합리적인 수준의 학비로 수준 높은 대학 수업을 들을 수 있다. 예를 들어, 토론토 대학교의 평균 연간 등록금이 6,100~18,000 캐나다 달러 수준인데 비해 국제 학생의 경우에는 60,000~68,000 캐나다 달러 정도이다. 캐나다 전체 인구가 2022년 기준으로 3,893만 명이고 매년 대학교에 입학하는 학생 수는 140만 명 정도이다 보니 대학교 입학은 그리 경쟁적이지 않다. 그래서 캐나다 학생들은 집에서 통학이 가능한 대학교로 진학하는 경우가 많다. 대학교의 수준 차가 크지 않은데다, 학비도 비슷하여 졸업 후 고향을 떠나지 않는 경우도 많기 때문이다.

대학교 입학시 지원자들을 점수와 자격에 맞춰 평가하는 한국과 미국 등의 대학교와는 달리, 캐나다 대학교들은 고등학교 졸업 후 기본적인 대학교 수업을 받을 수 있다고 판단되면 입학 자격을 부여한다. 그래서 '캐나다 대학은 공부를 잘 못해도 입학이 가능하다'라는 소문이 돌기도 한다. 하지만 캐나다 대학교는 입학하자마자 1학년 학생들을 호되게 공부시킨다. 4년 학업 후 졸업할 자격이 되는지 여부를 신입생 때부터 확인하는 시스템이다. 대학에서 공부할 준비가 되어 있지 않았던 학생은 1~2학년 때 학교를 그만두거나 전공을 바꾸고, 또는 2년제 대학으로 옮겨 기술과 자격증 공부를 하는 경우도 꽤 많다.

물론, 인기 많은 대학교와 학과는 우수한 학생들을 선발하기 위해 고등학교 내신 성적과 교사 추천서, 에세이 등을 검토하기도 한다. 그리고 캐나다도 의대, 치대, 약대, 수의대 대학원 과정은 극소수의 학생만을 선발하기 때문에, 관련 학부 전공을 희망하는 학생들은 대학교에 들어가면서부터 치열한 경쟁을 벌인다. 예를 들어 캐나다 전역에는 17개의 의과 전문 대학원이 있는데, 평균 입학 합격률은 7.5%이고 매년 2,900명만이 졸업한다. 캐나다는 다른 나라와는 달리 소위 '명문대'라고 불리는 학교를 크게 선호하지 않는 분위기다. 내가 최종적으로 공부하고 싶은 전공을 잘 가르치는지, 취업률은 높은지, 또는 특정 전문 대학원 진학률이 높은지를 먼저 따진다.

유학생 입장에서 보면 캐나다 대학교는 다음 장점들이 있다.

첫째, 캐나다 4년제 대학을 졸업하면 3년 취업 비자가 나온다.

4년제 대학을 졸업하면 캐나다 영주권과 연결되는 3년 취업 비자가 발급되므로, 캐나다에서 장기간 거주하거나 취업하고자 하는 유학생들에게 매우 좋은 조건이다.

둘째, 비교적 저렴한 학비로 유학할 수 있다.

4년제 대학교는 국제 학생에게도 장학금을 준다. 물론 성적이 우수한 학생 대상이지만, 미국의 대학교와 비교하면 총 학비도 저렴한 편이다. 학비 외에 주거비도 다른 나라와 비슷하거나 낮은 편이다.

　한국 학생 입장에서는, 국제 학생에게 다양한 기회를 제공하고 투자하려는 캐나다 대학교들이 좋은 선택일 수 있다. 국가 면적에 비해 절대적으로 인구가 부족한 캐나다는 우수한 인재에 대한 목마름이 항상 있기 때문에, 학업에 대한 열정이 높은 한국 학생들은 가능성 있는 투자 자원이 될 수 있다. 개인적으로는 한국의 많은 젊은 인재들이 캐나다에 유학 가서 공부하고 자리잡아 캐나다의 경제와 사회에 중추가 되기를 바라는 마음도 있다. 나라가 큰 만큼, 가능성과 기회도 몇 배 더 많다고 생각한다.

엄마니까 아는 것
캐나다 주요 대학교의 전 세계 랭킹

[2024년 QS World University 중 캐나다 대학교 랭킹]

21위 토론토 대학교

30위 맥길 대학교

34위 UBC (University of British Columbia)

112위 워털루 대학교

114위 웨스턴 대학교

[2024년 Times Higher Education 중 캐나다 대학교 랭킹]

21위 토론토 대학교

41위 UBC (University of British Columbia)

49위 맥길 대학교

103위 맥매스터 대학교

109위 알버타 대학교

[2024년 U.S. News 중 캐나다 대학교 랭킹]

18위 토론토 대학교

35위 UBC (University of British Columbia)

54위 맥길 대학교

13위 알버타 대학교

138위 맥매스터 대학교

2부
불안한 엄마의
양육 편

4장
내가
잦 키울 수 있을까?

MBTI를 믿으십니까
: 내 아이의 성향과 성격 이해하기

> 중학교 1학년 준영 엄마는 자신과 성격과 성향, 기질이나 MBTI까지 반대인 아이와 의사소통하는 것이 어렵게 느껴집니다. 이렇게 부모와 반대 성향을 가진 자녀와 어떻게 하면 잘 지낼 수 있을까요?

요즘은 사람을 처음 만나면 통성명 다음에 묻는 것이 MBTI라고 한다. MBTI는 'Myers-Briggs Type Indicator'를 줄인 말로써, 사람의 성격을 16가지 유형으로 구분하는 성격 유형 검사다. 원래 제2차 세계 대전이 일어나고 노동력이 부족해지자 산업계에 대체 인력으로 투입된 여성들을 성격 유형에 따라 적합한 직무로 나누기 위해 개발한 것이라고 하니, 요즘 상황에 얼마나 적용할 수 있을지 잘 모르겠다. 그래도 아이를 더 잘 이해하는 데 도움이 될까 하여, 엄마로서의 호기심에 온라인에서 쉽게 접할 수 있는 검사를 통해 나와 아들도 테스트해 보았다. 결과는 나는 ESTJ, 아들은 INFP였다. 음과 양, 북극과 남극처럼 완전히 다른 유형의 성격이었다.

실제로 주위에서 자기 아이와 성격이 너무 안 맞는다며 하소연하는 엄마를 여럿 봤다. 아이가 엄마와 성격, 기질이 다르면 아무래도 엄마 입장에서는 아이를 이해하기 힘들 테니 아이의 반응에 대응하고 의사소통하기가 어려울 수 있다. 일부 엄마들은 성격이 안 맞는 근거로 MBTI를 예로 드는데, 성격 유형이 반대라고 해서 안 맞고 비슷하다고 해서 잘 맞는 것은 아닐 텐데도 자녀와의 갈등 원인을 종종 거기에서 찾는다.

나 또한, 완전히 반대인 나와 아들의 성격이 서로 어떠한 영향을 끼칠지 궁금했다. 우선 아들의 성격부터 살펴보았다. INFP는 내향형인지라 혼자 시간을 보내면서 에너지를 만들어 내는 것이 가장 큰 특징이라고 한다. 그렇기에 추상적인 생각과 사고를 통해 결과를 만들어 내는 것이 편한 사람이다. 대부분의 의사 결정과 판단은 이성적인 분석보다 개인의 가치관과 감정을 통해 내리는 경우가 많다. 다른 사람을 배려하거나 충성도가 높은 것이 특징이다. 그렇다면 나는 어떤 성격인가? ESTJ는 타인과의 교류를 통해 에너지를 얻는다. 추상적 이론보다는 사실 관계나 증거를 보고 선호한다. 어떤 결정을 내릴 때 감정보다는 논리적인 추론을 통하는 것을 편하게 여긴다. 그리고 즉흥적인 것은 지양하되 미리 계획을 세우고 조직화하는 것을 좋아하는 성향이다.

성격 검사 내용만 보면 내 아이와 내가 서로 맞지 않을 것 같지만, 여러 가지 면에서 반대이기 때문에 오히려 아이와 퍼즐처럼 맞는 부분이 훨씬 많다. 예를 들어 여행을 떠날 때 나는 처음부터 끝까지 계획을 세우고 예약을 완료해야 하는 성격인데 비해, 아들은 그때그때 상황에 따라 볼 수 있고 할 수 있는 것을 즉흥적으로 찾는다. 그래서 여행 중 내가 미처 생각하지 못한 부분을 아이가 대신 메꿔 주는 경우가 종종 있었다. 삼시 세끼 밥 먹을 곳을 미리 알아 두지 않으면 불안한 내가 여행지에서 뭘 먹을지 초조해할 때, 아이가 생각하지 못했던 메뉴를 즉석에서 제안했다. 반면에, 태생적으로 계획 세우기를 어려워하는 아이는 계획형 엄마를 따라다니면서 짐을 쌀 때 체크리스트를 활용하거나 핸드폰 캘린더도 수시로 확인했다. 그러고 보면, 나와 아이가 주고받은 영향력이란 서로의 극히 다른 성격 덕분에 가능한 일이었다.

원칙과 기준에 맞지 않으면 부정적으로 결론을 내는 나와는 달리, 아이는 조금 다른 기준으로 사람을 바라본다. 지인 가족 중에 사춘기를 심하게 겪는 아들이 있었는데, 아무리 사춘기라 해도 봐주기 어려울 정도로 엄마에게 함부로 대하거나 반항하는 것을 보고 내가 못마땅해했다. 내 기준에서는 선을 넘는 행동이었기 때문이다. 하지만 내 아이가 바라보는 관점은 달랐다. '사춘기라면 그럴 수도 있다. 우리가 보지 않는 상황에서는 아마 다른 행동을 했을 것이다'라는 식으로 포용적인 해석을 했다. 누군가의 말과 행동에 그럴 만한 이유가 있을 것이라며 그 사람의 감정에 먼저 공감했다. 그러나 아이의 이러한 성향이 엄마에게는 어려운 점도 있다. 마음속의 감정이나 생각을 밖으로 다 내뱉는 나와는 달리 아이는 웬만해서 속내를 다 드러내지 않는 편이다. 좋으면 좋다, 싫으면 싫다가 확실하지도 않다. 그래서 엄마 입장에서는 아이의 기분이나 컨디션을 최대한 추측해서 이해해야 하는 일이 다반사다. 아이는 부정적인 감정일수록 스스로 안에서 씻고 헹구고 건조까지 하는 스타일이다.

MBTI 강사이자 상담 심리 전문가인 엄혜선 나쓰담상담교육연구소 대표에 따르면 "네 가지 지표 중 사고형(T)/감정형(F), 판단형(J)/인식형(P) 지표가 다르면 부모 자녀 사이 갈등이 심하다"고 한다. 또한 "부모가 사고형, 자녀가 감정형이면 부모는 자녀의 마음을 공감해 주지 못하고 잘잘못을 기준으로 혼내게 되고, 공감을 받는 게 중요한 자녀는 친구 관계에 집착하거나 자신을 있는 그대로 봐 주는 누군가에게 애착 형성을 하기 위해 애쓴다. 또 부모가 판단형, 자녀가 인식형이면 부모는 계획성이 없고 방 정리가 안 되는 자녀에게 계속 잔소리를 하고 자유롭게 사는 게 편안한 자녀는 잔소리 때문에 굉장히 스트레스를 받을 수 있다"고 설명했다. (출처 : 김아리 기자, '우리 아이 MBTI보면 공부 스타일 보인다', 한겨레, 2023년)

MBTI 16개 유형이 각각 다른 강점과 약점이 있기 때문에, 부모가 자신과 자녀의 성격 유형을 잘 이해하고 받아들인다면 서로에게 없는 부족한 부분을 채워 줄 수 있는 파트너로 잘 지낼 수 있다. MBTI나 다른 성격 검사 결과 나와 다르다는 이유만으로 아이를 이해하기를 포기하거나, 부모로서 부족한 노력을 피하기 위한 변명의 구실로 사용하면 안 된다. 이런 데이터는 나의 아이를 이해하기 위한 여러 정보 중 하나라고 생각하면 좋을 것이다. 결국에는 자녀와의 관계를 잘 만들고 유지하기 위해 이런 성격 검사도 받아 보는 것이 아닌가.

부모와 반대 성격, 성향을 가진 자녀와의 관계를 개선하는 해결책은 아이의 고유한 성격을 있는 그대로 받아들이고, 나와 어떤 점에서 잘 맞고 공통 관심사가 무엇인지를 아는 것이 시작이다. MBTI를 알아 두는 것도 내 아이와의 거리를 좁히고 더 다가가기 위한 노력의 일환이다. 퍼즐 맞추기의 천 개 퍼즐 조각을 봐도, 모든 조각이 각기 다른 모양이지만 제자리를 찾고 꾸준히 하나하나 맞춰 가다 보면 목표했던 그림이 완성된다. 나와 아이의 다른 성격, 성향은 그렇게 퍼즐 조각을 맞추듯 부모가 인내심을 가지고 노력하면 서로 맞추어진다.

오늘도 외식하러 나가기 전, 나는 열심히 시간 계산부터 한다. 이동하는 데 30분, 옷 입고 준비하는 데 30분 정도 소요될 것으로 예상되니 최소 한 시간 전에 출발해야 한다는 결론을 아이에게 사전 통보한다. 그러나 미처 식당 예약을 하지 못해 내가 걱정부터 하자, 아이가 조용히 듣고 있다가 한마디 던진다.

"혹시 식당에서 기다리게 되더라도 할 수 없지, 뭐. 가서 기다리면 되니까."

그래도 될까? 괜찮을까? 그래, 그러자. 가서 기다리자.

이렇게 ESTJ 엄마와 INFP 아이는 서로 맞춰 가며 상대방을 조금 더 이해하게 된다.

하고 싶은 일 vs. 돈 버는 일
: 아이를 위한 진로 교육

초등학교 6학년 규민 엄마는 아이를 의과 대학에 보내고 싶습니다. 하지만 규민의 장래 희망은 로봇 공학자입니다. 아이의 진로 교육, 어떻게 하면 좋을까요?

누구나 직업을 정할 땐 하고 싶은 일을 할지, 하기 싫어도 돈 버는 일을 할지, 그 사이에서 갈등한다. 돈을 벌어야 하기 때문에 하고 싶은 일을 포기하는 사람도 있고, 하고 싶은 일을 하면서 돈 버는 이도 있다. 내 아버지는 전자, 남편은 후자다. 공교롭게도 두 사람의 직업은 모두 의사다.

한국 전쟁 이후 경제가 어려웠던 60~70년대를 겪은 아버지는 먹고 살기 위해 의사라는 안정된 직업을 택했다. 가난에서 벗어나 가장으로서 아내와 세 아이를 잘 돌보기 위한 최선의 선택이었을지는 몰라도, 아버지는 하루라도 빨리 수술과 환자 보는 일을 그만두고 싶어 하셨다. 아버지가 진짜로 하고 싶던 일이 무엇인지 알 수는 없지만, 아마도 예체능과 관련된 것이 아니었을까 짐작만 한다. 은퇴 후 그림을 그리고 기타를 치고 꽃도 키우며 행복해하시기 때문이다.

반면에 남편은 여섯 살 때부터 의사가 꿈인 사람이었다. 내과 의사였던 외삼촌을 보며 꿈을 키웠고, 의대에 가서 의사가 되어 평생 흰 가운을 입고 환자를 치료하는 것이 유일한 희망 사항이었다. 지금도 여러 어려운 상황 속에서 수술하는 것이 가장 재미있고 보람 있다고 한다. 다시 태어나도 의사가 되겠다고 하니 본인이 하고 싶은 일을 하며 돈도 버는 운 좋은 경우다.

우리 가족 중에는 두 사람 말고도 의사가 업인 사람이 많다. 시누이와 남편도 의사, 양쪽 집 외삼촌과 배우자들도 의사, 제부와 사촌 형부도 의사인 데다, 조카 두 명도 의대에 다니고 있다.

가족 중에 의사가 많으니 주위에서 내 아이는 의대로 진로를 정하지 않을까 궁금해하기도 한다. 하지만 나와 남편은 생각이 좀 다르다. 어떤 직업이나 마찬가지겠지만 의사는 본인이 원해서 고민하고 가야 하는 힘든 길이다. 전문의까지 하려면 10년이 넘는 시간을 오롯이 의사가 되기 위한 노력에 쏟아부어야 한다. 돈벌이로 전락하는 의술은 스스로가 너무 괴롭고 고달플 것이다. 나는 소신 있고 이타적인 사람이 의사가 되어야 한다고 믿는다. 환자 한 명당 얼마 번다고 계산부터 하는 의사가 아니라, 자신의 지식과 경험이 환자에게 도움이 되는 것이 중요한 의사여야 한다. 그래서 나는 아이가 의사가 되는 것을 원하지 않는다. 일단 아이는 의사라는 직업에 관심이 전혀 없다. 어른들이 모이면 맨날 병원 얘기만 하는데도 흥미를 느끼지 않는다. 유치원 때는 마트 캐셔가 장래 희망이었고, 초등학교 때는 비행기 파일럿이 되고 싶어 했다. 그러다 요즘 아이는 전쟁, 국가 간의 관계, 정치, 사회, 역사에 관심이 있다. 하버드 대학교에서 정치학을 우등으로 졸업해도 백수로 지내더라는 자조적인 얘기가 들리지만 나도 아이도 아직 그런 것에 아랑곳하지 않는다.

대치동 학원가에 초등학교 1학년부터 의대 진학 전문 학원 코스가 있다는 게 믿기 싫지만 현실이다. 아이가 조금이라도 공부를 잘할 것 같으면 가장 먼저 의대에 보내야겠다고 계획을 짜는 부모들이 많다. 부모가 원하는 직업이 아이에게 학습되고 전달되어서 스스로 하고 싶은 일을 찾기도 전에 아이의 꿈이 의사가 되어 버리는 요즘 교육관이 나는 참 씁쓸하다.

나는 하고 싶은 일을 매우 늦게 찾았다. 어릴 때에는 작가나 영문과 교수가 되는 것이 장래 희망이었다. 하지만 성적에 맞춰 대학에 가고 전공을 정하니 내가 하고 싶은 일은 뒷전이 되었다. 대학원을 끝내고 나서야, 내가 하고 싶은 일이 홍보나 마케팅과 관련된 것임을 알았다. 내가 잘할 수 있으면서도 하고 싶은 일이었지만, 늦게 찾은 만큼 전성기는 길지 않았고 아쉬움도 많이 남았다. 돈을 잘 버는지 여부는 중요하지 않을 만큼 하고 싶던 일이었지만, 생각보다 오래 하지 못했다. 좀 더 일찍 찾았다면, 누가 길을 알려 줬다면 더 오래, 만족하며 일을 했을지 모른다. 하지만 내 곁에는 그것을 같이 고민해 줄 부모도 멘토도 없었다. 혼자서 찾고 헤매고 실패를 거듭했을 뿐이다.

　진로를 정할 때 부모는 아이가 잘할 수 있는 일을 찾도록 옆에서 도와주는 게 중요하다. 대신 찾아 주거나 강요해서는 안 된다. 비유하자면 마라톤 선수 옆에서 같은 방향을 보며 페이스를 맞춰 뛰는 페이스 메이커 같은 역할, 또는 망망대해에 큰 배를 모는 선장 옆에서 길을 찾아 주는 항해사와 비슷한 역할을 해야 하는 것이다. 아이가 돈을 잘 버는 직업을 가지면 좋겠지만 미래는 아무도 알 수가 없다. 요즘은 의대 말고 컴퓨터 사이언스도 난리다. 인공지능이니 코딩이니 하며 그쪽으로 대학 전공을 정하지 않으면 큰일이 나는 것처럼 굴거나, 챗GPT를 사용하지 않으면 문제인 것처럼 구는 부모도 많아졌다. 시대가 변하고 기술이 인류를 앞설 때마다 누구나 다가올 미래가

두렵다. 그래서 컴퓨터 사이언스와 관련된 공부를 해야 취직이 잘 되고 나중에 돈도 잘 벌어서 자리를 잡을 것이라고 기대한다. 하지만 의대나 컴퓨터 사이언스가 제아무리 인기 있고 전망이 좋아 보여도, 내 아이와 바로 연결 짓는 것은 무리이다. 우리 아이가 정말 특별하다면 누구나 다 하는 일 말고 내 아이만 잘할 수 있는 일을 찾아야 하는 것 아닐까?

나는 아이의 진로에 대해 고민할 때 딱 한 가지만 생각했다.

"어떤 일을 하든지 인류의 발전에 기여하는 일이면 된다. 현재의 지구를 더 망가뜨리거나 자원을 소진하는 일이 아니고, 이 세상이 더 살기 좋은 곳이 되게 하는 과정과 관련된 공부나 일이면 다 좋다."

이렇게 대학교 전공이나 직업에 대해 기본 방향이나 큰 틀을 자녀와 함께 정해 놓으면 아무것도 정해 놓지 않았을 때와 생각보다 큰 차이가 있다. 무조건 돈 잘 버는 직업, 성공했다고 인정받는 직업이 아닌 내 가치관에 맞게 정한 직업은 분명 다르기 때문이다.

아이는 어떤 전공을 선택해야 할지 얼마 전부터 고민을 시작했다. 조금 있으면 고등학생이 되니 딱 알맞은 타이밍이다. 물론 내 아이도 근사한 수퍼카를 타고 싶어 하기도 하고, 세계 여행도 꿈꾼다. 모두 돈을 잘 벌어야 가능한 일이다. 하고 싶은 일을 하면서 돈까지 잘 벌 수 있는 길을 찾는다면 얼마나 좋겠는가. 그것이야말로 도로시가 오즈의 마법사를 찾는 것이고, 블라디미르가 기다리던 고도를 만나는 일이다. 하지만 '하고 싶은 일'과 '돈 버는 일' 중에 선택해야 한다면 결정은 '하고 싶은 일'이어야 한다.

아이를 키우는 일은 끝이 없는 고민의 연속이다. 독립된 어른으로 잘 키우는 일은 더더욱. 나는 아이에게 돈 잘 버는 일을 찾아 주는 것보다 하고 싶은 일을 찾는 여정을 돕는 엄마가 되고 싶다.

이매진 드래곤스 vs. 다섯 손가락
: 사춘기 감성 교육

중학교 1학년 정훈 엄마는 아이의 감성이 조금 부족한 것 같아 걱정입니다. 세대 차이 때문인지 아이가 듣는 음악도 이해가 안 되는데 그대로 둬도 괜찮을까요?

내 아이가 이제 좀 컸구나, 자신만의 취향을 만들어 가고 있구나를 처음 느끼는 시점은 내가 모르는 음악을 아이가 혼자 듣는다는 것을 알게 되는 순간이다. 나와는 다른 감성을 지닌 아이를 이해하기 위한 노력은 사춘기 때 더욱 필요하다. 나는 그것을 '사춘기 감성 교육'이라고 칭한다.

초등학교 때만 해도 동요를 흥얼거리던 아들이 어느 날 아이돌 그룹 음악이 좋다고 했다. 그때 나는 건성으로 반응했다.

'사랑을 했다 우리가 만나

지우지 못한 추억이 됐다

볼만한 멜로 드라마

괜찮은 결말

그거면 됐다 널 사랑했다⋯⋯.'

한때 한국 초등학생들에게 인기였던 아이콘의 '사랑을 했다'
였다. 당시 아들은 초등학교 3학년이었는데 가사가 좋다며 나
보고 차에서 음악을 틀어 달라고 했다. 초등학생이 무슨 이런
노래를 들어? 안 돼. 이건 어른들 가사야, 라며 굳이 아이의 청
을 들어주지 않았다. 그러나 내가 알지 못하는 사이, 열두 살,
열세 살이 되면서 아이는 이어폰을 귀에 꽂고 혼자 음악을 듣
는 시간이 길어졌다. 엄마가 자신의 감성을 이해해 주지 않고
관심도 없어 보이니 더 그랬을 것이다.

이름을 불러도 못 듣고 딴짓하는 시간도 많아졌다. 몇 번
을 부르다 목소리를 높이고 직접 방으로 찾아가 아이 귀에 꽂
힌 이어폰을 뺐다. 흠칫 놀라는 아이에게 나는 도대체 무슨 음
악을 듣길래 엄마가 부르는 소리도 못 듣냐고 짜증을 냈다.
아이가 열심히 듣고 있던 음악은 미국 밴드 '이매진 드래곤스
(Imagine Dragons)'의 'Believer'라는 노래다. 얼핏 어디선가 들어
본 적이 있는 가수였지만 어떤 노래를 불렀는지, 인기가 어느
정도인지 관심이 없었다. 나는 그저 이 록 밴드가 어떤 노래를
부르는지 궁금해 인터넷 검색에 들어갔다. 알고 보니 2017년 11

월, 미국 출장길에 참석했던 아메리칸 뮤직 어워즈의 무대에서 라이브로 그들이 부르는 노래 'Thunder'였다. 유명한 밴드인 것은 알았지만 아이가 그들의 노래를 좋아해서 하루 종일 듣고 있을 것이라고는 생각하지 못했다.

사춘기 아이와 소통하는 여러 방법 중 가장 즉각적인 효과를 본 것은 아이의 플레이 리스트를 살피고 아는 척을 하는 것이었다. 좋아하는 가수나 노래를 알면 아이의 관심사나 취향을 파악할 수 있다. 이매진 드래곤스를 즐겨 듣던 당시 아이의 시간은 가사에 담긴 뜻이나 가수들이 노래를 통해 표현하고자 하는 것들에 의해 영향을 받았다. 이 밴드는 강렬한 사운드와 리듬에 기반을 둔 곡이 많고, 보컬의 가창력이 뛰어나다. 또한 라스베이거스에서 결성된 젊은 밴드답게 음악적으로도 실험적인 시도를 많이 한다. 그리고 사춘기 아이가 마음을 열 수 있는 인생에 대한 고민이나 조언, 동기 부여를 품은 내용의 가사가 많다. 데뷔 초기에 비하면 음악적 분위기는 많이 달라졌지만, 가사의 주 내용은 변하지 않는 편이다. 아이 때문에 알아보게 되면서 그들의 음악에 나도 반해 버렸다. 아직도 내 플레이 리스트에는 밴드의 노래가 서너 곡 담겨 있다.

내 아이의 음악적 취향에 관심을 가지게 되면서 나도 같은 음악을 들어 보고 가수와 관련된 다큐멘터리도 찾아본다. 나만의 '감성 교육'의 일환이다. 엄마에게 말하지 않는 아이 마음 깊숙한 곳 이야기를 왠지 들을 수 있을까 기대도 해 본다. 그러면서 나는 아이와 비슷한 나이에 워크맨 테이프를 들으며 좋아했던 '다섯 손가락'의 노래들을 떠올린다. '다섯 손가락'은 내가 중학교 1학년 때 정말 좋아했던 밴드다. 1986년 당시 데뷔 2년차에 접어들었는데 참 멋있었다. 대학생들이 모여 만든 밴드여서 순수하고 감성 충만한 노래가 특징이었다. 내가 가장 좋아하던 노래는 '새벽 기차'.

'해지고 어둔 거리를 나 홀로 걸어가면은

눈물처럼 젖어드는 슬픈 이별이

떠나간 그대 모습은 빛바랜 사진 속에서

애처롭게 웃음 짓는데

그 지나치는 시간 속에 우연히 스쳐가듯 만났던 그댄

이젠 돌아올 수 없는 길을 떠났네

허전함에 무너진 가슴……'

지금 봐도 중학교 1학년이 좋아하기엔 너무 서글픈 이별 이야기다. 그 외에 '풍선', '수요일엔 빨간 장미를' 등의 명곡들은 카세트 테이프가 늘어질 때까지 듣고 또 들었고, 오래도록 내 감성의 주춧돌이 되었다. 어찌나 많이 듣고 가사를 음미했던지, 40년 가까이 지난 지금도 '새벽 기차'의 전주를 들으면 바로 가사가 다 기억이 나서 따라 부를 수 있을 정도다. 그리고 동시에 학교에 등·하교하며 건넜던 고가 도로에서 바라보던 양재천 풍경이 생각난다.

내가 그랬듯, 아이도 음악을 듣고 가사를 마음에 담으며 조금씩 어른이 되어 가고 있는지 모른다. 조금 유치하거나 너무 성숙하거나, 노래 가사는 아이의 일부분이 되어 오래 남을 것이다. 내 감성이 중요한 만큼, 사춘기 아이의 감성도 특별하다. 세대가 다른 아이와 무엇이든 공유하고 싶은 소망을 가진 엄마라면, 지금 이 순간 아이가 어떤 음악에 빠져 있는지 관심을 가지고 알아보는 것은 꽤 중요하다.

요즘 내 아이는 다른 음악을 듣는다. 아이의 플레이 리스트는 자주 바뀐다. 최근에 내가 물어봤을 때 심취한 음악은 2000년대 초 한국 가요와 미국 래퍼 카니에 웨스트였다. 그 음악이 좋다 나쁘다, 가사가 이리쿵저리쿵 불안한 엄마의 잔소리를 늘어놓을 수도 있겠지만, 일단 아이의 음악적 취향을 존중하는 것이 우선이다. 또 모르지. 언젠가 아이와 나의 플레이 리스트가 겹치는 순간이 다가올지도.

엄마랑 영화 보러 갈래?
: 아이와 함께하는 문화 교육

중학교 3학년 준성이 엄마는 학교와 학원을 오가는 아들의 삭막한 일상이 안스럽습니다. 공부와 게임 외에도 다양한 문화가 있다는 것을 알려 주고 싶은데 어떻게 접근해야 할까요?

누구나 엄마라면 내 아이가 '멋진 어른'이 되기를 꿈꿀 것이다. 그래서 아이를 품었을 때부터 태교를 위해 모차르트를 듣고, 고전 명서를 읽는다. 그렇게 세상에 나온 아이들이 유치원 때만 해도 책을 읽고 동요를 부르며 조금씩 문화라는 것에 가까워지다가, 초등학교 고학년이 되면서부터 책을 멀리 하고 게임을 더 좋아하며, 전시회나 음악회에는 아예 관심도 두지 않는 것을 보게 된다면 대단히 안타까운 마음이 들 것이다. 하지만 현명한 엄마라면, 공부도 중요하지만 그만큼 또는 그 이상 문화를 경험하는 것도 필요하다는 것을 알아야 한다.

'멋진 어른'이 된다는 것은 어느 정도 문화 생활에 관심을 두고 지식을 가지며 즐기는 법을 알게 됨을 의미한다. 그렇게 되는 과정을 엄마가 함께한다면 가장 바람직하다. 세상에는 <리니지>와 <배틀 그라운드>같은 유명 게임 외에도 <반지의 제왕>과 <디어 헌터>라는 명작 영화가 있다는 것을 엄마가 알려 줘야 한다.

물론 문화생활이 영화에만 국한되는 건 아니다. 미술 전시회, 클래식 연주회, 오페라, 뮤지컬, 발레, 국악 연주회 등 다양한 콘텐츠들이 모두 문화다. 나와 아이의 경우에는 가장 관심 있고 편하게 생각하는 분야는 영화와 뮤지컬이었다. 그래서 국내외 어디든 기회가 되면 나는 아이와 함께했다. 미술 전시회나 클래식 연주회도 가 보았으나, 아이가 별 관심을 보이지 않아 초등학교 고학년 때 잠시 멈추었다. 아들이 대학생이 되면 아마 다시 내가 그 분야로의 초대를 재시도할지도 모른다.

대학원에서 영화 이론을 배우면서 영화 표면에 보이는 것 외에 수많은 철학과 메시지, 인간 군중 심리와 역사까지 영화라는 징르에 담겨 있다는 것을 배웠다. 내게 영화는 인생의 그림자이자 빛이다. 내가 알아야 할 모든 것이 영화에 담겨 있다고 해도 과언이 아니다. 나는 내 아이가 그런 부분을 느껴 보기를 원했다. 내가 열세 살 때 처음 본 스티븐 스필버그 감독의 <컬러 퍼

플>이 남기는 강렬한 잔상을 아이도 경험해 보기를 바랐다.

그래서인지 내 아이의 문화생활은 영화가 주를 이룬다. 새로 개봉하는 영화는 무조건 함께 관람하고, 그 후에는 서로 느끼고 생각한 것들을 공유한다. 내가 멋지다고 생각한 감독의 연출이 아이에게는 유치한 시도일 때도 있지만, 내가 의미 없다 해석한 장면이 아이에게는 '인생 명장면'인 경우도 있었다. 내가 중·고등학교, 대학교 때 영화를 보며 배웠던 인생 교훈을 아이도 사춘기를 지나며 머리와 가슴에 담을 수 있다는 건 멋진 일이다. 기껏 열다섯 살 중학생이지만 그 생각과 느낌의 깊이는 매번 기대 이상이다.

뮤지컬은 색다른 문화 체험의 기회다. 스토리와 음악의 조화가 주는 매력이 있는 장르이니 감성이 예민한 사춘기 아이에게는 진한 여운을 남기는 문화생활이 된다. 또한 그런 공연을 다니며 문화인으로서 갖춰야 할 관람 매너나 에티켓도 자연스럽게 배운다.

공부에 찌든 아이에게 문화생활을 권유하고 싶다면, 엄마가 먼저 그것을 경험하고 좋은 점을 체득해야 한다. '같이 보자, 경험하자'는 엄마의 권유를 아이가 거절하면 다른 것을 시도해 보도록 한다. 그것이 영화일 수도, 미술 전시회일 수도, 또한 패

션쇼일 수도 있다. 아이의 관심 분야는 생각보다 다양할 것이라 장담한다. 남자아이라고 해서 아이돌 콘서트에 관심이 없는 것은 아니다. 여자아이라고 해서 스포츠에 관심이 없는 것도 아니다. 지대한 관심과 흥미는 사람마다 각각 다르니까.

엄마가 영화에 관심이 없는데 영화를 보라고 권하는 것은 아무 의미 없다. 엄마가 악기 따위는 알고 싶지 않은데 아이에게 음악회에 가자고 하는 것은 아이러니다. 엄마와 아이가 취미를 공유하는 것만큼, 문화생활을 함께하는 것은 큰 의미를 가진다. 아이는 엄마와의 문화생활에서 나중에 어른으로서 갖춰야 할 예의를 배우고, 미래의 문화생활에 필요한 기본 코드를 전달받는다.

이번 주말, 새로 개봉한 영화가 있다면 아이에게 슬쩍 제안해보자. "주말에 영화 보러 갈래? 네가 좋아하는 마동석 주연 영화 개봉했다던데"라고. 아빠가 함께 갈 수 있다면 더 좋다. 사춘기 절정에 다다른 아이가 동반을 거부하는 단계에 이르기 전에 미리미리 이런 루틴을 만들어 두자. 그래야 아이는 영화도 즐기고 다른 문화도 시도하는 멋진 어른이 될 테니.

F1팬이 되어 볼까?
: 아이의 취미 공유하기

중학교 1학년 아이 엄마인 은영씨는 아이와 일상 외에도 많은 것들을 공유하고 싶습니다. 그러나 늘 혼자 유튜브를 보거나 게임을 하는 등 엄마와는 공통 취미와 관심거리가 없는 것처럼 보입니다. 아이의 취미를 이해할 방법이 있을지 궁금합니다.

모나코, 상하이, 몬트리올, 라스베가스, 카타르.

전 세계 각 대륙에 흩어져 있는 이 도시들은 바로 F1(포뮬러원 월드챔피언십/FIA Formula One World Championship) 시합이 개최되는 장소다. 올림픽이나 월드컵 못지않은 수의 팬들이 열광하는 이 레이싱 대회에 우리 아이도 빠져 버렸다. 매년 2월부터 시작되는 F1의 열기는 우리 집에도 같은 시기에 모락모락 피어난다.

언제부터인지는 정확히 모르겠다. 아이가 갑자기 F1 대회 자료 영상을 찾아보고 홈페이지를 들락거리더니 아예 라이브로 레이싱을 보기 시작한 것. 가족 중 누구도 자동차에 큰 관심이 없고 F1 대회가 어떤 것인지 알지도 못하는데 아이는 혼자 자동차 경주의 세계로 종종 떠나 버린다.

아들의 이런 변화에 가장 먼저 반응을 보인 것은 남편이었다. 아마도 같이 관심사를 나누고 싶었던 모양이다. 대부분 유료인 F1 대회의 생방송 중계를 보기 위해 남편은 영상 플랫폼을 구독하고 온라인에서 F1 관련 자료를 자세하게 찾아보기 시작했다. 그래서 한국과 캐나다에서 멀리 떨어져 있는 동안에도 메신저로 대회나 선수들과 관련해 아이와 자주 이야기를 나누게 됐다. 이후에는 나도 덩달아 유명한 선수 이름을 기억하고, 랭킹 20위권에 들어야 생존 가능한 대회 시스템도 이해하게 되어 버렸다.

대부분 엄마들은 아이와 취미를 공유하는 걸 어려워한다. 나와는 다른 사람이니 어쩔 수 없다. 특히 성별이 다른 아들의 경우에는 더하다. 나의 경우에도 그랬다. 엄마가 책을 읽을 때 아들은 게임을 했고, 엄마가 걷기 운동을 할 때 아들은 집에서 빈둥거렸다. 무엇인가를 함께, 같은 시간에 관심을 집중한다는 것은 가능보다는 불가능 쪽에 가까워 보일 정도였다. 아마도 많은 아들 엄마들이 어려워하는 부분일 것이다. 지인 중 한 명은 헬스장에 등록해서 아들을 운동할 때 같이 데리고 간다고 한다. 시간을 정해 두고 엄마가 아들을 끌고 가는 형국이다. 물리적인 장소와 시간을 같이한다고 해서 그 취미를 모자가 공유한다고 할 수 있을까? 어떤 면에서는 뭐라도 시키려는 불안한 엄마의 욕심이자 위안은 아닐까. 아마 아들에게 물어보면 사실은 엄마와 같이 헬스장에 가는 것은 부끄러워요, 할 수도 있다.

경험상 가장 바람직한 방법은 아이가 이미 가지고 있는 취미에 엄마가 자연스럽게 묻어가는 것이다. 아이가 좋아하고 재미있어 하는 것이 있다면 엄마가 그것을 조사하고 공부해서 숟가락을 슬쩍 얹는 방법이다. 그러면 더 많은 대화를 진지하게 나눌 수 있다. 나 같은 경우는 아들이 가장 좋아하는 F1 레이싱 선수를 개인적으로 검색하고 그의 소셜 미디어 계정을 팔로우하는 것부터 시작했다. 그 선수가 개인적으로 남는 시간에 무엇을 하고 누구를 만나는지, 어떤 패션을 좋아하는지 등 소셜 미디어에 올라오는 시시콜콜한 사건들을 살펴본 후 그것으로 아들과의 대화를 시도하면 물꼬를 틀 수 있었다. 사실 나는 자동차에 관심도 없고 어떤 레이싱 차가 얼마나 빨리 달리든 말든 알고 싶지도 않았다. 하지만 아이가 그것을 많이 좋아하고 특별하게 생각하고 있었다. 심지어 더 어릴 때부터 레이싱 스쿨에 다닐 생각을 하지 못한 것을 너무나 안타까워했을 정도다.

그래서 나는 시간이 날 때 아마추어들이 운전할 수 있는 레이싱형 카트 체험장에 아들을 데리고 갔다. 아주 빠른 속도는 아니어도 카트를 운전하면서 실제 레이싱의 쾌감을 느낄 수 있으니 아들에게는 그것만으로도 행복한 일이 될 수 있을 거라 확신했다. 동시에 아들은 스스로 전문적인 레이싱 선수가 되기에는 재능이 부족하구나, 라며 현실을 깨닫기도 했다.

엄마로서 아이의 취미를 이해하고 얼마나 공감했는지 한번 뒤돌아보자. 아이가 응원하는 농구팀이 있다면 그 팀의 스타 플레이어를 몇 명이나 알고 있나. 아이가 비행기를 좋아한다면 보잉, 에어버스의 다양한 항공기들을 몇 번이나 찾아봤나. 만약 아이가 아이돌을 좋아한다면 그 아이돌의 '직캠'을 본 적은 있는지. 아이와의 공통 취미는 새롭게 만들거나 찾는 것이 아니다. 이미 아이가 가지고 있는 관심과 '팬심'에 부모가 접근하는 것이 우선이다. 그럼에도 불구하고 나는 절대 아들의 취미에 동참할 수 없다거나 이해가 안 된다면, 그저 관심을 표현하고 고개를 끄덕여 주고 지지해 주면 된다.

아이와 같이 게임을 하면서 취미를 공유하는 아빠는 많이 봤어도, 게임하지 말라는 잔소리를 참고 함께 아이와 게임 삼매경에 빠지는 엄마는 보지 못했다. 그만큼 엄마는 아이를 위해 더 노력해야 할 부분이 많다. 싫은 것도 해 보고 관심 없던 것에 눈길을 주어야 아이와 더 가까워진다.

나도 매번 어렵다. F1에 참가하는 자동차들이 '소프트' 타이어를 쓰는지, '하드' 타이어를 쓰는지, 몇 번의 트랙에서 어떤 기록을 내야 레이싱에 남을 수 있는지 모르는 것 투성이다. 심지어 레이싱 경기 도중에 피어나는 하얀 연기도 무섭고 레이싱 차들의 굉음도 불편하다. 하지만 나는 확신한다. 나의 이런 노력의 조각들을 아이는 이미 알고 있다는 것을. 그리고 나와 아이의 작은 공유가 언젠가는 큰 공감대의 기초가 될 것을.

'그랬구나'의 매직
: 아이에게 공감하는 엄마 되기

사춘기에 접어든 14세 아이와 매일 언쟁을 벌이는 주영 엄마
는 고민이 많습니다. 도대체 엄마가 어떻게 대응해야 예전처
럼 사이좋은 관계가 될까요?

아이가 사춘기에 들어서고부터 내 일상이나 생각도 많이 변
했다. 세상에서 내 마음대로 되지 않는 것이 딱 두 가지가 골프
와 자식이라더니, 한 번은 찾아온다는 사춘기가 조용히 평화
롭게 지나가는 기적은 내게도 일어나지 않았다. 이럴 때 엄마는
도대체 어떻게 아이의 변화에 대응해야 할까?

내 아들은 아기 때부터 순하디 순했고, 저녁에 잠들면 아침 8
시까지 통잠을 잤다. 잘 울지도 않고 떼쓰는 일 없이 부모 말을
잘 듣고 잘 웃던 아이였지만 만 12세가 넘어가면서 부쩍 예민
해지고 감정이 흔들리며 눈빛도 달라지기 시작했다. 아들의 그
런 공격적인 눈빛을 처음 느낀 순간은 정말 잊을 수가 없다.

'대한민국 육아 멘토'라고 칭송받는 오은영 박사의 모든 조언을 받아들이는 건 아니지만 <금쪽같은 내 새끼>라는 TV 프로그램을 보면 부모의 공감 능력은 육아에서 참 중요한 것 같다. 평소에 원리원칙주의자인 내가 아이에게 이걸 적용하는 게 쉽지는 않았다. 그런데 언제부터인가 아이의 말과 행동에 욱하고 짜증이 나고 울화가 올라올 때마다, 습관적으로 "그렇구나~", "그랬구나~"를 말 앞에 붙였다. 밑져야 본전이라는 마음이었다. 처음엔 어색했는데 자꾸 해 보니 효과가 있었다.

한번은 캐나다에서 교정 치료차 치과를 갔다. 새 장치를 추가하고 치료가 끝나니 아이 표정에 짜증이 가득했고, 내 질문에 답을 안 하는 사춘기 증상이 올라왔다. 나도 모르게 욱 하는 감정이 몰려왔다. 하지만 나는 3분 정도 꾹 참고 기다렸다. 그런 다음 "장치가 추가돼서 짜증이 나겠구나. 우리 아들 아프겠네. 엄마가 정말 이해돼" 라는 말을 여러 번 부드럽게 반복하면서 아이의 속을 달래려고 했다.

집으로 온 후 방에 들어가 혼자 몇 시간을 조용히 있던 아이는 어느새 정상으로 돌아와 있었다.

"엄마, 이 고무줄 얼마나 더 해야 하는 거예요?"

"그건 엄마도 잘 모르겠는데 병원에서 시키는 대로 잘 하고 있으면 두 달 만에 뗄 수도 있대. 하루에 세 번 밥 먹을 때 잘 뺐다가 다시 끼고 그러면. 좀 귀찮겠지만 너 혼자 할 만할 거야. 교정 다 끝나면 이빨도 가지런해질 거고. 그러니 조금만 더 참아 보자. 짜증나고 아프고 그렇지? 엄마도 옛날에 해 봐서 너무 잘 알아."

아이는 어느새 순둥이가 되어 끄덕끄덕하더니 혼자 낑낑대며 고무줄 바꾸는 연습을 하기 시작했다. 작은 사건이었지만 '그랬구나'의 효용을 다시 느끼는 경험이었다. 공부할 때도 갑자기 짜증을 낼 경우 "우리 아들이 힘들구나~ 짜증나는구나~ 네가 할 수 있는 만큼만 해. 그러면 돼"라고 공감해 주면 아이는 스스로 부드러워졌다. 이때 나는 목소리 톤을 늘 '미 파 솔' 구간으로 놓고 벗어나지 않으려고 애썼다.

아래 내용은 아이가 한참 사춘기의 터널을 지나고 있을 때 실제 내가 경험했던 상황에서 아이에게 적용해 본 '그랬구나' 화법의 적용 사례다.

할 일이 산더미인데 게임이나 유튜브를 하고 싶어 하는 상황

: "우리 아들이 게임이 하고 싶구나(단, 엄마가 허용할 범위와 시간에 대해 말하고 기준을 정해 준다. 약속을 어기면 가차 없이 벌칙을 가하거나 금지한다)."

공부가 어려워 짜증 내는 상황

: "우리 아들이 이 과목(내용)이 어려워 짜증이 나겠구나. 어렵게 느끼는 건 당연한 거야. 엄마가 봐도 짜증나고 답답하네. 네가 할 수 있는 만큼만 좀 더 해 보고 그래도 짜증 나면 일단 멈추고 다른 거 해 보자."

같이 외출해야 할 일이 있는데 가기 싫어 하는 상황

: "엄마랑 마트에 가기 싫은 마음이 드는구나. 엄마가 너라도 귀찮겠다. 근데 이러저러한 이유가 있어서 같이 가야 하니까 몇 시까지 끝내고 빨리 돌아올 수 있도록 엄마가 노력해 볼게. 대신 나가면 너도 엄마 잘 도와주면 좋겠다."

학교나 학원 숙제를 아직 하지 않고 멍 때리거나 딴짓하는 상황

: "네가 숙제를 하기 싫었구나. 아니면 생각은 하고 있는데 아직 시작 안 한거지? 데드라인이 언제인지 너도 잘 알고 있으니 네가 시간에 맞춰서 할 거라고 엄마는 알고 있을게. 엄마가 잔소리하는 게 아니라 아이폰 알람이나 시리(Siri) 역할을 해 주는 거니까 참고만 해."

공부나 운동, 시험 등 부담스러운 것을 앞두고 있는 상황

: "시험 준비하느라 힘들겠구나. 이걸 왜 하는지 모르겠고 짜증나고 답답하겠다. 근데 네가 준비를 잘해 두면 나중에 결과가 어떻

게 나오든 후회가 없을거 같은데? 혹시 엄마가 도와줄 거 있음 얘기해. 엄마가 할 수 있는 건 최대한 서포트 해 줄게!"

나는 절대 이해 안 되는 음악을 듣거나 유튜브를 보며 좋아하는 상황

: "엄마가 네 나이만 할 때는 이런 음악이 없어서 다른 음악을 들었는데 요즘은 이런 걸 많이 듣는구나. 가수가 누군지 궁금하네. 네 친구들도 이런 음악 좋아해? 이 유튜버는 이러이러한 게 참 대단하네. 콘텐츠 만드는데 시간을 많이 들였겠다. 나중에 다른 음악(유튜브) 또 엄마한테 가르쳐 줘. 엄마도 한번 찾아보고 그럴게."

내가 아이의 응석을 받아 주고 일방적으로 참는 것은 아니었다. 목욕이나 아침 기상 등 스스로 해야 하는 일에 게으름 부리면 두 번까지 좋게 얘기하다가 마지막에는 낮은 목소리로 "엄마가 지금 친절하게 두 번 알려 줬다. 똑같은 얘기 세 번 하지 않게 해 줬으면 좋겠네"라는 식으로 분위기를 엄하게 다시 잡았는데, 웬만하면 아이는 맞는 방향으로 움직였다.

혹시라도 엄마에게 버릇없이 말하거나 건방지게 말대답하면 가차 없이 주의를 주고 인간으로서 지켜야 할 기본 도리를 가르쳐 주었다. 예를 들어, "네가 지금 기분 나쁜 것은 엄마가 이해하는데, 그렇다고 엄마한테 그런 말투로 얘기하면 엄마도 기분 나빠지고 슬퍼지네. 네가 기분 추스를 시간을 줄 테니까 네 행동에 대해 다시 생각해 보고 나중에 얘기하자"라는 식이다.

'그랬구나'라는 한마디는 얼어 있던 아이의 마음을 녹이는 공감의 시작이었다. 덕분에 지난 3년여간 아이에게 큰소리 낸 것은 손꼽을 정도다. 서로 목소리를 높혀 부딪히고 이기려고 해 봤자 손해를 보는 것은 양쪽 모두다. 오히려 엄마의 마음은 더 무너지고 아이는 아이대로 엄마와 더 멀리 거리를 둔다.

쉽지 않지만 아이보다 엄마가 더 노력해야 한다. 어색해도 새로운 시도를 해 봐야 효과가 있는지 없는지 알 수 있다. 나도 가끔 나 스스로를 붙잡지 못해 화를 내고 소리 지르고 나면, 최대한 빨리 아이에게 내가 잘못한 점을 구체적으로 사과한다. 그러면 아이도 바로 본인의 잘못을 수긍한다. 아마 다른 엄마와 아이도 비슷할 것이다. 먼저 인정하는 쪽이 결국에는 이긴다. 아니, 마음이 덜 시리다. 아이를 이기려고 '네가 감히 나한테', '내가 너를 어떻게 키웠는데'라고 화를 내면 엄마 마음만 더 아프고 시릴 뿐이다.

지금은 유학 간 내 아이와 많은 시간 떨어져 지내서 싸울 일이 줄어들었지만, 마음 한편에는 늘 '그랬구나' 카드를 잘 간직하고 있다. 물리적으로 함께 있지는 않아도 전화나 메신저를 통해 대화하면서 언젠가는 이 카드를 다시 꺼내야 할지도 모르기 때문이다.

'그랬구나'라는 말 한마디는 생각보다 큰 힘을 가지고 있다. 아이의 상처를 낫게 하는 연고가 될 수도 있고, 아이의 불안감을 잠재우는 자장가가 될 수도 있다. 또한 아이가 숨기고 싶은 나약함과 두려움을 덮어 주는 따뜻한 이불이 되기도 한다. 그래서 엄마는 아이에게 이 말로 '내가 네 편이다'라는 것을 알려 줘야 한다. 사춘기 아이에게 세상에서 가장 든든한 아군이 엄마라면 얼마나 편하고 안전한 존재이겠는가. 아군끼리만 통하는 '그랬구나'로 시작되는 대화가 엄마와 아이의 일상을 좀 더 평화롭게 만들어 줄 것이다.

어떤 아이로 키우고 싶은가?

아들 하나, 딸 하나를 둔 진수 엄마는 딸에 비해 아들이 어렵습니다. 언행도 이해가 안 가지만, 고분고분한 딸에 비해 아들은 불평이 많고 제멋대로인 경우도 있어요. 아들을 좋은 어른으로 잘 키울 수 있을지 걱정인데 어떻게 해야 하죠?

딸 엄마들도 비슷한 말이 있을지 모르겠지만, 요즘 아들 엄마들은 만나면 우스갯소리로 하는 이야기가 있다.

"우리는 앞으로 남의 사위 될 애들 대신 맡아서 키워 주는 거잖아."

자조적인 말로 들리지만 사실 그 이면에는 아들을 어떻게 하면 잘 키워서 좋은 배우자를 만나 가정을 꾸릴 수 있게 할 것인가에 대한 엄마들의 고민이 담겨 있기도 하다.

나도 아직 성장 중인 아들을 키우고 있다. 이제 겨우 열다섯 살이니 아직 갈 길이 멀다. 부족한 점 투성이고 장차 어떤 어른이 될지 가늠이 되지 않는다. 그러나 절대 하지 말아야 하는 것에 대한 내 기준은 명확하다. 내가 사회 생활하면서 겪은 이들 중에 다시는 만나고 싶지 않은 유형이 있는데, 그런 어른으로는 키우고 싶지 않기 때문이다.

엄마들은 영어 유치원을 어디로 갈지, 학군지로 이사해야 할지를 고민하기 전에 아이를 어떤 아이로 키우고 싶은지를 먼저 진지하게 생각해 봐야 한다. 다음과 같은 사람은 세상이 원하지 않기 때문이다.

첫째, 이기적이고 나르시스트 성향을 가진 어른

태어날 때 주어진 성격과 성향이 어른이 될 때까지 영향을 미친다. 하지만 부모가 악화시키는 경우도 많다.

아이가 해 달라는 것을 절대 다 해 주지 말자. 먹고 싶은 것, 입고 싶은 것, 가지고 싶은 것을 최대한 다 해 주려는 어리석은 부모가 있다. 특히 걱정 많은 엄마들은 조심해야 한다. 원래 세상은 하고 싶은 것의 대부분을 이루지 못하게 되어 있다. 그런 것이 인생이고 세상의 이치다. 그런데 아이가 원하는 것을 어떻게 해서든 손에 쥐어 주기 위해 엄마는 노력한다. 내 아이가 기분 나쁘고 실망할까 걱정이 되어서.

어릴 때부터 원하는 것은 쉽게 얻은 아이는 두려울 것이 없다. 그래서 세상 일이 마음대로 이루어지지 않으면 절망하고 분노하게 된다. 약한 아이들은 쉽게 좌절하면서 매번 장애물을 피하려고 한다. 본인이 원하는 것은 스스로 노력해서 얻는 법을 가르쳐야 한다. 그렇지 않으면 자기 자신 밖에 모르는 이기적인 어른이 될 가능성이 높다.

둘째, 마마보이 파파보이, 마마걸 파파걸

내가 사회생활을 하면서 은근히 자주 만난 유형이 있다. 말 끝마다 '우리 엄마가' '우리 아버지가'를 덧붙이는 사람이다. 본인의 생각이나 감정보다는 부모님이 어떻게 생각할까를 먼저 걱정한다. 아이를 키울 때 의견을 물어보고 존중하되, 중요한 결정은 부모가 아이와 함께 내리도록 해야 한다. 사소한 것 하나 스스로 결정하지 못하고 책임지지 못하는 어른은 결국 부모가 그렇게 만든 탓이다. 마마보이 마마걸은 나중에 이성과의 관계에도 지대한 영향을 미친다. 이성과 교제하면서 생기는 갈등을 혼자 해결하지 못하고 회피하거나, 엄마 아빠 탓을 하는 경우도 생긴다.

셋째, 피해 의식에 잠식된 어른

어릴 때부터 아이에게 말로 상처 주거나 부정적인 감정을 쏟아 내는 것은 위험하다. 자존감이 낮아져 어른이 되어서도 늘 주변 사람들이 본인을 어떻게 생각하고 평가할지에 대해 예민하게 대응하기 때문이다. 피해 의식이 많은 사람은 부모로부터 애정 표현이나 칭찬을 받아 보지 못해서 스스로를 아끼고 사랑하는 방법을 잘 모른다. 그래서 엄마는 아이에게 본인의 스트레스를 풀거나 감정적인 공격을 하면 안 된다. 아이가 원만한 인간 관계를 맺고 리더십을 가지고 사회생활을 잘하기를 바란다면, 아이에게 절대 말로 상처 주는 일은 하지 말아야 한다.

아이를 잘 키우는 일은 참 어렵다. 일단 엄마인 나 스스로가 항상 부족한 인간이기 때문이다. 게다가 엄마가 마음먹은 대로 아이는 따라 주지 않는 경우가 더 많다. 그러나 절대 하면 안 되는 것은 의외로 명확하고 간단하다. 어떤 아이로 키우고 싶은지 먼저 고민하자. 바로 오늘부터. 그리고 엄마로서 하지 말아야 할 것은 하지 않도록 노력하자.

5장

엄마로 살아남기!
엄마 서바이벌 가이드

고위험 산모 엄마와 이른둥이 아이
: 건강이 제일 중요해

말 안 듣는 일곱 살 개구쟁이 아들을 키우고 있는 영준 엄마
는 아들이 고집 부리고 심한 장난을 칠 때마다 속상하고, 혹
시 엄마로서 부족한 부분이 있는 것은 아닌지 걱정도 됩니
다. 아이를 키우는 것이 버겁고 힘들 때 엄마는 어떻게 대처
하면 될까요?

  나는 서른여섯에 아이를 만났다. 신혼을 즐기기도 전 준비 없
이 바로 임신을 했지만 늦은 나이인지라 그저 감사했다. 당시
에는 경기도에 있는 모 대형 아울렛의 마케팅 팀장을 맡고 있
었는데, 서울 청담동 본사와 아울렛 매장을 오가는 바쁜 업무
때문에 정신없는 임신 기간을 보냈다. 어릴 때부터 아픈 적도
없고 매우 건강한 체질이었던 나는 임신도 쉽게 됐겠다, 내 몸
에 대해서 근거 없는 자신감을 가지고 있었다. 아침 일찍 출근
하면 저녁까지 바쁜 업무에 몰입해 시간을 보냈는데 그동안 임
산부로서의 내 몸은 조금씩 나빠지고 있었다.
  임신 7개월 쯤 되던 초겨울, 나는 병원에서 임신 단백뇨가 의

심된다는 진단을 받았다. 생각보다 체중이 급격하게 늘어서 조금 걱정 되기는 했지만, 임신 초기에 입덧도 없었고 워낙 잘 먹는 편인지라 별로 신경 쓰지 않았다. 퇴근할 때가 되면 다리가 많이 붓고 몸이 무거워서 임신하면 원래 그런 것인가 보다 했는데, 의심스러운 증상이 시작되고 있었던 것이다. 그나마 태아가 주 수에 맞게 머리 둘레나 몸무게가 잘 크고 있다는 의사의 말에 안심이 되었다. 지금 생각하면 일에 대한 욕심과 책임감 때문에 서울과 경기도를 오가며 너무 강행군했던 것이 아닌가 싶다. 직접 운전해서 다녀오려면 왕복 2~3시간은 족히 걸리는 고속도로 외근 길을 나는 일주일에 두 번 이상 계속 오가고 있었고, 아울렛에 가면 어쩔 수 없이 여기저기 다니며 업무를 해야 하니 가만히 앉아 있을 수도 없는 노릇이었다. 28주부터는 단백뇨 외에 혈압도 정상 범위를 벗어나기 시작했다. 나는 최대한 조심하면서 퇴근 후 집에서 매일 저녁 혈압을 재고 휴식을 취하면서 임신 후기를 준비하고 있었다.

새해가 되고 며칠 후, 평소와 비슷하게 회사 일을 마치고 집에 돌아와 침대에서 쉬고 있는데 갑자기 가슴 한가운데 극심한 통증이 느껴지면서 숨을 제대로 쉴 수가 없었다. 거실에 있던 남편을 급하게 불러 혈압을 재 보니 수축기 혈압이 160mmHg,

이완기 혈압이 100mmHg이 넘었다. 당황한 우리 부부는 차를 타고 다니던 병원으로 갔다. 담당 원장님이 바로 오셨고 혈압 강하제를 투여해 주셨다. 한 시간 정도 기다렸으나 내 혈압은 낮아지기는커녕 계속 150~180 사이를 오가는 상황. 원장님도 빨리 응급실로 가서 입원하는 것이 좋겠다 하시며 인근 대학 병원으로 여기저기 연락을 돌려 주셨다. 서울삼성병원 응급실 이 가장 가까워서 일단 그곳으로 향했다. 그날은 회사에서 진행하던 업무를 채 마무리하지 못하고 퇴근한 상황이었는데, 아이를 낳고 거의 넉 달 동안 다시 돌아가지 못할 것이라고 당시에는 생각조차 하지 못했다.

산부인과 병동으로 입원한 나는 다시 초음파 검진을 하고 혈액 채취, 엑스레이 촬영 등 필요한 검사를 했다. 분명 보름 전에 태아의 상태를 확인했고 당시 머리 둘레도 임신 28주에 맞게 잘 크고 있다고 했다. 그런데 보름이 지나 입원한 날 그때 보니 아이는 하나도 자라지 않고 성장이 멈춘 것처럼 그대로였다. 담당 전문의 말에 의하면 산모 몸의 영양소가 태아에게 잘 전달되지 않는 상황이 되면 그런 문제가 생길 수 있다는 것이었다. 출산하기에는 너무 이른 30주. 나는 그날부터 입원실에서 시간을 보내며 내 혈압과 다른 수치들이 정상으로 돌아오기를 기다렸다. 내가 입원한 곳은 '고위험 산모' 병동이었다. 지금은 평균 출산 연령이 33.5세이고 절반이 넘는 산모의 나이가 35세 이상이지만, 15년 전만 해도 고령 산모가 그리 많지 않았다. 내 입원실 이웃에는 '전치태반', '이상 태위' 등 고위험 산모들이 여럿 입원해 있었다. 별로 동지애를 느끼고 싶지 않은 상황이었지만 나처럼 태아의 안전을 위해 입원했을 다른 산모들을 보니 애틋한 생각이 저절로 들었다.

　나의 의학적 진단은 '전자간증'이었다. 우리가 '임신 중독증'으로 알고 있는 임신과 합병된 고혈압성 질환이다. 임신 중에 산모가 고혈압이 되면서 태반 및 태아로의 혈류 공급에 장애가 생기고 태아의 성장 부전이 발생하며, 심한 경우 태아 사망의 원인이 되기도 하는 무서운 질환이었다. 그때 나는 처음으로 내가 나쁜 엄마일지도 모르겠다는 생각이 들었다. 늦은 나이에 임신했으면서도 태아의 건강보다는 회사에서 맡은 일이 더 우선이었던 건 아닐까, 임신했다고 일을 소홀히 한다는 말을 듣기 싫어서 극도의 불안감으로 더 독하게 일에 매달린 건 아닐까, 생전 접해 보지 못한 죄책감들이 몰려왔다. 담당 교수님이 조언한 대로 나는 최대한 임신 주수를 채우기 위해 회사에 급하게 상황을 알리고 입원실에서 시간을 보내게 되었다. 하루에 수

회 혈압 강하제를 투여받고 소변 검사를 했지만, 혈압은 오히려 올라가기만 했다. 신장에도 문제가 생겨 소변이 점점 줄어들고 폐에 조금씩 물이 차기 시작했다. 이 질환이 무서운 이유는, 혈압이 높아지면서 간, 신장, 폐의 기능이 약해지고 결국에는 태아에게 악영향을 미치면서 산모 또한 사망할 수 있다는 것이다. 아이러니하게도 유일한 치료법은 출산이었다. 하루하루 임신 기간을 유지하는 것이 내가 할 수 있는 유일한 일이었던 그 시간들은 어찌 보면 내 생애 가장 절박한 시기이기도 했다.

내 몸은 퉁퉁 부어 마치 코끼리처럼 비대해졌고, 소변은 나오지 않았으며 체중은 임심하기 전보다 30kg 이상 증가했다. 최대한 오래 태아가 자궁에 머물면서 클 수 있도록 하는 것이 최선이라고 했지만, 내 몸은 오래 견딜 상황이 아니었다. 병원에서 열흘 정도 간신히 버틴 후, 간 수치가 악화되고 숨 쉬는 것에도 영향이 생기자, 병원에서는 유도 분만을 권했고, 나는 입원실과 분만실을 오가며 자궁 수축제의 힘을 빌려 50시간 넘게 진통하는 지옥을 경험했다. 태아는 자궁 안 어디엔가 꼭 붙어서 세상 밖으로 나오지 않으려는 것 같았다. 아침 8시 반에 분만실로 이동해 자궁 수축 주사를 맞고 억지로 진통을 만드는 상황에도, 내 자궁은 하루에 1cm도 열리지 않았고 사흘째 식사를 제대로 못하고 힘을 쓰느라 나는 말 그대로 기진맥진, 목소리도 나오지 않았다.

사흘째 되던 날, 옆에서 발만 동동 구르며 걱정하시던 부모님의 부탁으로 나는 응급 제왕절개 수술을 받았다. 어지간히도 춥던 1월 15일 오후 1시 30분, 하반신 마취를 하고 몽롱한 상태에서 나는 아이의 가냘픈 울음소리를 들었다. 그 전날 밤, 나는 남편에게 부탁을 하나 했다. 혹시라도 분만 중에 내가 잘못되어서 나와 아이 둘 중에 하나를 선택해야 하는 상황이 되면, 반드시 아이를 최우선으로 하라고. 지금도 가끔 남편과 그때 이야기를 하며 실없는 웃음을 나누곤 한다. 내 생명을 던져서라도 살리고 싶고, 이 세상에 데려오고 싶은 존재는 모든 엄마들이 얘기하듯, 내 아이였다.

응급 수술 후 아이는 인큐베이터로 바로 옮겨졌고, 나는 벌거벗은 상태로 마취에서 깨어 오한을 느끼며 수술실 밖 복도에 혼자 있었다. 죽지 않아서 다행이라는 생각과, 아이를 직접 보지 못하고 신생아 중환자실로 보낸 내 처지가 서러워 혼자 울었다. 수술 후 내 몸은 만신창이. 수술 부위는 찢어질 듯 아파서 진통제를 계속 투여해도 통증이 사라지지 않았다. 출산의 감동보다는 출생 직후 1,750g의 몸무게로 31주 만에 태어난 아이에 대한 걱정 때문에 힘들었다. 몸을 바로 움직일 수가 없는 상황이어서 남편이 찍어 온 아이의 사진과 동영상을 보며 아쉬움을 달래야 했다. 다행히 아이는 호흡도 정상이고 이틀째부터는 우유병도 빨기 시작했다.

만 3일이 지나고 나는 보행 보조기를 끌고 어기적거리는 걸음으로 인큐베이터 속 아기를 보러 갔다. 남편이 보여 준 사진에서는 어느 정도 작은지 감이 오지 않았는데, 직접 보니 정말 작았다. 내 손바닥의 두 배 정도 사이즈였는데 좀 큰 개구리처럼 아이는 온갖 튜브를 꽂은 채 엎드려 있었다. 피부는 온몸에 파란 혈관이 다 드러나 보일 정도로 투명하면서도 붉었다. 인큐베이터 속의 아기가 상상했던 것보다 너무 작고 가냘퍼서 나는 그 자리에 주저앉았다. 슬픔, 안도감, 죄책감, 서러움 등 온갖 감정들이 뒤섞여 몰려왔다. 통곡하는 나에게 중환자실 간호사가 위로의 말을 건넸다. 나처럼 수술 후 처음 인큐베이터에 있는 아기를 만나러 오는 모든 산모들이 울며 가슴 아파 한다고, 내 아기는 젖병도 잘 빨고 이상 증상이 없으니 곧 건강해질 거라고. 그 위로를 듣고 옆 인큐베이터의 아기들을 보니 내 아이는 그나마 큰 편이었다. 임신 23주에 태어나 1년 가까이 인큐베이터에서 지내는 아기도 있었고, 국내에서 가장 작은 아기로 태어나 신문에 나왔던 이른둥이도 있었다. 그 아기들에 비하면 내 아이는 상대적으로 우람하게 느껴졌다.

아이를 병원에 두고 나는 먼저 퇴원했다. 매일 모유를 수축해서 파우치에 넣어 얼리고, 또 병원으로 가져가 해동해 젖병에 담아 먹이는 과정을 반복했다. 예약해 둔 산후조리원도 취소하고, 나는 집에서 멍하니 자고 먹고 젖을 짜는 일을 반복하며 매일 아침 병원에서 보내 주는 문자를 기다렸다. "오늘 아기 체중은 1,800g, 모유는 30ml 잘 먹었습니다"라는 아이의 안부가 문자로 전해졌다. 아기는 매일 몇 십 그램씩 몸무게가 늘어나고 먹는 양도 늘어 갔다. 그렇게 지내기를 3주, 병원에서 갑자기 전화가 왔다. 아기 몸무게가 2kg이 넘었고 이상 징후가 없으니 집으로 데려가라는 연락이었다. 연락을 받자마자 남편과 병원에 가서 아이를 집으로 데리고 왔다. 인큐베이터는 벗어났지만 아기가 너무 작아 맞는 옷이 없고 기저귀도 너무 컸다. 어떻게 안고 만져 줘야 할지 모를 정도로 약했다. 원래 아이의 출산 예정일은 3월 9일이었다. 그러나 8주 정도 이르게, 아이는 추운 한겨울에 태어났고, 나중에 백일 때도 몸무게는 5kg가 채 안 되었다. 나중에 들었지만 아이에게는 출산 시 충격으로 인한 뇌출혈 소견도 있었다. 심각한 것은 아니라 남편이나 부모님이 내

게 숨긴 것이다. 가족 모두가 그저 건강하게 몇 달을 잘 견뎌
달라고 기도하던 시간이었다.

밤낮이 바뀐 신생아들이 보채면 엄마들은 잠이 부족해 힘들
어하는 경우가 많은데, 나는 그런 것에 불평할 처지가 아니었
다. 아이가 잘 먹고 숨을 쉬면, 그것으로 감사할 뿐이었다. 병원
에서는 이른둥이에게 '캥거루 케어'가 좋다고 했다. 자궁에 있
던 시간이 부족했던 만큼, 엄마나 아빠가 품에 보듬고 최대한
많이 안아 주는 것인데 아이가 자궁 속에서 들었던 엄마의 심
장 소리와 체취, 숨소리, 목소리를 들을 수 있도록 최대한 밀착
해 아이를 안고 있는 방법이다. 최대한 오랜 시간 아이를 안아
주기 위해서 나는 자정부터 오전까지 거의 잠을 자지 않고 아
이를 안고 있었다. 산후 도우미가 낮에 아이를 봐주는 동안 잠
을 자고, 남편이 퇴근해 오면 교대로 아이를 안았다.

지금 와서는, 새벽에 동트기 전 푸르스름한 새벽에 아파트
베란다 밖의 찻길을 바라보며 아이에게 말을 걸고 자장가를
불러 주던 기억을 종종 떠올린다. 그리고 내 품에서 너무나 가
벼웠던 그 아이가 크면서 속을 썩이고 말을 듣지 않고 내가 원
하는 방향과 다르게 나아가려고 할 때마다, 나는 고위험 산모
였던 나와, 이른둥이였던 아이의 모습을 떠올린다. 그리고 그때

다짐했던 엄마로서의 결심과 소망을 되뇐다.

'나의 아기는 건강하게 자랄 것이다. 몸과 마음이 모두 건강한 사람으로 자라서 이 세상에 도움이 되는 어른이 될 것이다. 그리고 나는 아이를 그렇게 키우기 위해 최선을 다하면서 늘 감사할 것이다.'

아이가 사춘기를 보내며 한창 예민한 시기, 거짓말 안 보태고 다시 내 배 속에 넣고 싶다는 생각까지 들었던 순간에 나는 아이가 태어나던 날을 떠올리면서 힘을 얻고 반성했다. 다행히 아이는 178cm, 60kg의 건강한 열다섯 살 소년으로 자랐다. 31주 만에 태어났다고 하면 믿지 않을 정도다.

좋은 엄마 되기가 버거울 때면, 아이가 가장 작았던 그 순간을 기억하려고 한다. 엄마 말을 좀 안 들으면 어떤가, 나와 생각이 달라 반항하면 또 어떤가. 내 아이는 예전 내 소망대로, 지금 건강하고 생생하게 세상과 만나고 있는데.

워킹맘은 불안도 두 배

중학교 3학년 장우 엄마는 20년 넘는 경력을 가진 워킹맘입니다. 고등학교에 들어가면 엄마 도움이 많이 필요하고 챙겨야 할 일도 많다고 하는데, 직장을 그만두기에는 너무 아깝습니다. 아이의 미래를 위해서 일을 그만두는 것이 맞을까요? 내 커리어를 우선으로 했다가 나중에 아이의 원망을 듣지는 않을지 고민이 됩니다.

워킹맘은 아이를 잘 키워야 하는 임무 외에도 다니는 회사나 조직에 최선을 다해 성과를 보여 주어야 한다는 큰 책임감을 가지고 있다. 아이와 일 중에 무엇이 더 중요하냐는 바보 같은 질문을 듣지 않더라도 일하는 엄마에게는 매 순간이 갈등이고 죄책감, 불안이다. 나도 회사를 다닐 때 아이를 봐주던 도우미가 가족이 갑자기 입원했다고 하는 바람에 일하다가 아이를 챙기러 집으로 달려온 적이 있었고, 내일 당장 중요한 프레젠테이션인데 아이가 아파서 밤새 열이 내리도록 물수건으로 아이 몸을 닦으며 한숨 쉬던 적도 있었다. 이런 슬프고도 답답한 상황은 모든 일하는 엄마들에게는 매우 자주 있는 일이다. 그뿐인가. 워킹맘이라 부족하다는 평가를 받을까 봐, 과연 내 아이를 잘 키우고 있는지 의심이 들 때마다, 불안도 두 배다.

육아 도우미가 그만둬서, 아이가 아파서, 아이가 학교에 적응을 잘 못해서 등의 무수한 이유 때문에 일을 그만두는 워킹맘 중에서 일 자체를 포기하고 싶던 엄마는 거의 없을 것이다. 출퇴근하면서 아이 얼굴도 제대로 못 보고, 동화책을 읽어 줄 여유도 없이 바쁘게 살면서도 자신의 일을 놓치고 싶지 않았던 엄마들이 훨씬 많을 테니까.

나도 마지막 회사 퇴사 후 재취업할 수 있는 기회가 있었지만 아이 양육을 선택했다. 제주도로 이주하면서 가장 걱정되었던 것 또한 취직이었고, 혼자 사업을 시작하는 건 어떨지 여러 경우도 고민했다. 그러나 일을 다시 시작하려면 누군가 아이를 봐 주어야 했고, 새로운 적임자를 찾는 것도 너무나 큰 숙제였다. 그래서 아이가 제주 국제 학교로 옮기면서 나는 다시 취직하는 것을 포기했다. 아직 일할 나이였고, 잘할 자신도 있었지만 40대 경단녀에 초등학생 아이가 있는 조건은 유리하지 않았다.

무엇보다 그때는 상황상 일을 다시 시작하지 않는 것이 맞다고 느껴졌다. 아이에게 전념하고 새로운 환경에서 전업 엄마로 사는 것이 정답에 가깝다고 생각했다. 그리고 나름대로 그 상황에서 나는 열심히 아이를 돌보고 살림을 하고 제주도에 적응하려고 노력했다.

아이에게도 그것이 최선일 것이라 스스로 최면을 걸었지만, 어느 날 아이가 내게 던진 질문에 그 최면에서 깨어났다.

"엄마는 왜 더 이상 일 안 해? 아이돌 홍보는 이제 못하는 거야?"

마지막 다니던 회사의 아이돌 그룹이 워낙 성공했기에 그만큼 일은 넘쳐나게 많았지만 보람도 컸다. 그 모습을 옆에서 지켜보았던 아이는 아마 은근 엄마가 자랑스러웠던 모양이다.

나는 당황한 표정을 들키지 않으려고 딴청을 부렸다.

"엄마가 너 더 잘 챙기고 시간 같이 보내려고 일 안 하는 거야. 너도 엄마랑 매일 같이 있으니까 좋지?"

내 해명에 아이의 대답은 솔직했다. 그리고 그 대답은 내 마음에 영원히 커다란 구멍을 내 버렸다.

"난 일하던 엄마가 더 좋은데? 바빠도 돈 벌고 멋있잖아. 엄마 다시 일하면 안 돼?"

그랬다. 아이는 일 안 하고 집에서 본인을 다정하게 돌봐 주는 엄마보다, 일하며 밖에서 바쁘게 뛰어다니는 엄마를 더 선호한 것이다. 아이는 엄마의 성공을 함께 기뻐하고 자랑스러워한다는 것을 그때 처음 알게 됐다. 열심히 사는 엄마의 모습이 아이에게는 본받을 어른이 된다는 것도. 늘 두 배였던 워킹맘의 불안감은 줄어들었는지 몰라도, 결국 남은 것은 개인적인 아쉬움과 아이의 실망이었다.

그래서 지금은 주위에 누군가가 일과 아이 사이에서 힘들어하거나 갈등하면, 나는 주저없이 일을 선택하라고 한다. 일을 포기하는 이유가 아이여서도 안 되고, 그럴 필요도 없다는 것은 이미 워킹맘들이 아이를 잘 키우고 있는 우리 주위의 많은 사례에서 증명되고 있다. 나 또한 시간을 되돌릴 수 있다면 일을 절대 그만두지 않고, 일과 육아 모두 잘할 수 있는 또 다른 해결책을 찾았을 것이다. 아이를 돌볼 수 있는 시간이 다시 돌아오지 않으니 일보다 아이를 선택해야 한다는 사람들도 있지만, 일과 아이 모두 선택해도 잘할 수 있는 가능성도 크다. 일하는 엄마들에게 더 필요한 것은 본인의 희생이나 포기가 아니라, 정부와 지역 사회, 가족들의 지원과 이해다.

미국의 유명한 토크 쇼 호스트인 오프라 윈프리가 남긴 명언이 있다.

"You can have all but not all at the same time."

(당신은 모든 것을 가질 수 있다. 단지 그것을 한꺼번에 가지지 못할 뿐이다.)

이 말을 일하는 엄마의 딜레마에 적용한다면, 일과 육아를 동시에 성공하기는 어렵지만 언젠가 결국에는 모두 성취할 수 있다는 뜻으로 해석할 수 있다. 그저 시간이 조금 더 걸릴 뿐이다. 혹시 내 아이의 반항이, 사춘기가, 일탈이, 무뚝뚝함이 일하는 엄마 때문이라고 자책한다면, 절대 그러지 말라고 말해 주고 싶다. 아이는 자신만의 성장통을 겪고 있는 것이니 엄마는 일하는 직장인 또는 전문가로서의 성장을 계속 하면 된다고. 아이는 결국 엄마의 성공을 자랑스러워할 것이라고. 워킹맘은 불안도 두 배지만 보람과 성취감도 두 배 이상일 테니까.

거짓말 vs. 거짓말
: 엄마의 불안이 거짓말을 키운다

> 초등학교 4학년 서우 엄마는 요즘 아이의 거짓말 때문에 매우 속상합니다. 혼내고 타일러도 아이는 습관적으로 거짓말을 하는 듯 보입니다. 어떻게 대처해야 할까요?

아이가 내 눈을 똑바로 바라보며 거짓말하는 것처럼 가슴이 무너지는 일은 없다. 그건 마치 악몽을 꾸는 느낌 또는 공포 영화를 보는 기분이다. 세상의 모든 자식들이 거짓말을 한다고 해도, 내 아이가 거짓말하고 숨기는 것은 참을 수가 없다. 그것이 엄마다.

어릴 때부터 순하고 착한 성향이었던 아이는 모든 면에서 바람직한 자식이었다. 이른둥이로 태어났지만 돌이 지나면서는 또래의 발육을 따라잡으며 건강해졌고, 만 세 살에 한글을 뗐으며, 떼를 쓰거나 고집을 부리는 일도 거의 없었다. 외동인데도 욕심이 없고 평화주의자처럼 친구들에게 양보를 주로 하여 오히려 걱정이 되는 아이였다. 그러나, 아이는 아이다. 내 아이도 예외는 아니었다.

대치동 수학 학원이 한 개에서 두 개, 두 개에서 세 개가 되면서 자연스레 숙제도 늘어났는데, 특히 연산 숙제가 많았다. 여린 한숨을 내쉬면서도 못하겠다는 말은 하기 싫었는지 아이는 숙제가 나오면 꾸역꾸역 해냈다. 회사에서 돌아오면 아이가 수학 숙제를 마쳤는지 검사하는 것이 내 루틴이 되었다. 어느 날, 꽤 많은 양의 학원 숙제를 받은 걸 확인하고 아이의 숙제를 답안지에 맞춰 확인하던 중이었다. 몇 번부터인지 답과 문제가 맞지 않았다. 3번 답은 4번에, 4번 답은 5번에 써 있었다. 그렇다. 아이는 몰래 답안지의 답을 숙제에 베껴 쓰다가 하나씩 밀려 버린 것이다.

아이에 대한 실망과 함께 짜증, 노여움, 슬픔이 나를 덮쳤다. 내 아이는 절대 거짓말을 하지 않을 것이라 생각했는데, 내 바람과는 달리 아이는 수학 문제의 답이나 베끼는 거짓말쟁이였다. 심지어 너 학원 숙제하면서 답안지 보고 했지, 라는 나의 추궁에 아이는 눈 한 번 깜짝 안 하고 아니라고 당당하게 답했다. 이렇게 증거가 있는데 거짓말을 하다니. 아마 아이는 엄마가 어떻게 증거를 확보했는지 몰랐을 것이다. 그때 아이는 초등학교 1학년이었다.

첫 거짓말은 엄하게 혼내서 다음부터는 아예 거짓말할 엄두도 안 나게 해야 해. 나는 아이가 잔뜩 겁을 먹도록 목소리에 힘을 주어 거짓말하는 사람의 최후를 설교했다. 이 세상 최악의 죄가 엄마에게 거짓말하고 스스로를 속이는 일이라는 내용을 서너 번 반복해서 말해 주었다. 그리고 마지막으로 일방적인 확인을 받았다.

"그래서, 앞으로 엄마한테 거짓말하면 되겠어, 안 되겠어? 안 되겠지?"

아이는 눈물을 뚝뚝 흘리며 고개를 크게 끄덕였다. 나는 충분히 훈육을 했다 자신했고 그 이후로는 아이가 거짓말을 하지 않을 것이라 생각했다. 그러나, 물론, 언제나 그렇듯, 아이는 또 거짓말을 했다.

대부분 학원 숙제를 안 하고 다 했다는 거짓말, 그리고 답을 살짝 베끼고 혼자 한 척하는 거짓말이었다. 그런 거짓말은 팬데믹 기간에는 온라인 수업을 하면서 몰래 게임을 하거나 유튜브를 보는 행동으로 대담해졌다. 공부보다는 인성이 우선이라는 가치관을 가진 나였다. 아무리 협박하고 혼내도 아이의 거짓말은 줄어들지 않았다. 그렇게 아이는 만 열세 살, 중학생이 되었다. 캐나다에 가서도 비슷한 거짓말을 할 때가 있었는데, 그때도 역시 문제는 수학이었다. 혹시라도 뒤쳐질까 싶어 온라인으로 수업을 듣게 시켰는데 그것이 화근이었다. 되짚어 보면 아이의 거짓말은 늘 내가 상황을 제공한 셈이다.

이번에는 수학 과외를 해 주는 선생님이 따로 연락을 했다. 아이가 수업 시간에 딴짓을 하는 것 같다고. 분명 수업과 관계없는 동영상을 본 것으로 의심됐다. 나는 당장 아이를 내 앞에 앉히고 차갑고 엄한 목소리로 훈계를 늘어놓았다.

"엄마는 너를 계속 믿었는데, 이제 엄마한테 한계가 왔어. 나는 이제 너를 더 이상 믿지 않을거고 너한테 기회도 주지 않을 거야."

그리고 나는 아이의 여권과 나의 신용카드 한 장을 아이 손에 쥐어 주었다.

"엄마는 당장 내일 비행기로 한국 갈 테니까 너 혼자 이 카드로 음식 배달시켜 먹고 학교도 알아서 등하교해. 나는 이제 너 같은 거짓말만 하는 아들 필요없어."

아이는 엉엉 울면서 내 앞에 무릎을 꿇었다.

"엄마 잘못했어. 이젠 정말 다시는 거짓말 안 할게. 내가 잘못했어."

나는 가능한 한 냉정하게 아이의 말을 잘라 버리고 아이가 눈물을 무시했다. 피도 눈물도 없는 엄마여야 했다.

"됐어. 이제는 너한테 아무런 희망이 없어. 엄마는 네 엄마 하기 싫어."

그 순간 아이가 한 말은 내가 자식의 거짓말에 대해 완전히 잘못 대응하고 있었다는 걸 알게 해 주었다.

"엄마, 나도 왜 내가 자꾸 거짓말을 하는지 모르겠어. 엄마한테 다 솔직하게 얘기하고 거짓말 같은 건 하기 싫은데……. 나도 모르게 거짓말을 하게 돼. 숙제 안 하면 엄마한테 혼날 텐데, 그래서 그게 겁이 나서 거짓말하고. 엄마한테 잘 보이고 싶은데 그게 마음대로 안 되면 거짓말을 하게 돼. 나도 나를 정말 모르겠어."

그랬다. 아이는 엄마에게 혼나지 않기 위해, 사랑받기 위해 본능적으로 거짓말을 했다. 엄마가 자신에게 어떤 것을 기대하는지 너무 잘 알기에, 아이는 그저 엄마한테 잘 보이고 싶었던 것이다.

그 다음 날 나는 바로 수학 과외를 중단했다. 그리고 이후로는 아이가 스스로 결정하거나 선택하지 않은 것은 절대 시키지 않았다. 가끔 아이에게 필요한 것이라는 생각이 확고할 때만 아이에게 먼저 의견을 물어보고 같이 결정하면서 아이의 의견을 존중했다. 나는 거짓말하지 않는 아이를 원했다. 마치 나는 평생 거짓말 한 번 안 한 깨끗하고 순결한 인간인 것처럼. 그리고 아이를 혼내며 거짓말을 섞었다. 아이가 내게 솔직하기를 바란 것은 결국에 또 나의 불안한 마음 때문이었다. 내 아이가 착하고 성실한 아이이길 바라는 내 숨겨진 바람이 '아이를 잘 키우지 못하면 어쩌지?'라는 불안과 함께 나를 지배한 것이다.

엄마는 네 나이 때 부모님에게 한 번도 거짓말한 적이 없다고 했지만, 그렇지 않다. 나는 피아노 연습이 하기 싫어서 이미 아홉 살 때 체르니 연습곡을 겨우 5번을 치고서 20번을 쳤다고 거짓말했다. 방학 숙제를 다 하지도 않고 다 한 척 거짓말하고 동생과 나가서 놀았다. 그 후로 나는 고등학생이 되고 대학생이 되어서도 여러 번 부모님께 많은 거짓말을 했고, 어른이 되어서도 꽤 자주 진실이 아닌 말로 부모님을 속였다.

대부분의 경우 아이들은 스스로를 보호하거나 부모를 실망시키지 않기 위해 거짓말을 한다. 그리고 그 상황은 부모의 실수나 잘못으로부터 시작된다. 자식에게 맞지 않는 기대를 하거나, 내 원칙만을 강요하거나, 아이가 선택하지 않은 것을 억지로 시킬 때가 그렇다. 엄마의 불안은 아이의 거짓말에 씨를 뿌리고 물을 주어 잘못된 방향으로 키운다.

아이의 고백 이후로 내 교육에서는 모든 것이 아이를 위한, 아이에 의한, 아이의 선택이다. 내 역할은 아이의 결정에 혹시 문제가 없는지, 보완점은 없는지 확인하고 마지막으로 스스로의 선택에 책임질 수 있는지를 물어보는 것에서 마무리된다. 아이에게 모든 것을 맡기고 나니, 과제 제출이나 시험 공부도 온전히 아이 스스로가 준비하고 책임지는 일이 자연스러워졌다. 아마 엄마가 일일이 검사하고 확인하던 때보다 조금 부족하고 낮은 점수가 나올 때도 있었을 것이다. 하지만 나는 더 이상 예민한 사춘기 아이와 더 이상 부딪힐 일이 없어졌고, 혼내야 하는 일도 확 줄었다. 아주 가끔 이런 말만 멋있는 척 날리면 됐다.

"네가 거짓말해 봤자 어차피 너만 손해고 네가 책임져야 한다는 거 이제 잘 알 테니 네 인생은 알아서 열심히 살자, 아들!"

지금에서야 말하지만 아들아, 엄마는 너에게 수많은 거짓말을 했단다. 너 같은 아이는 필요없다는 것도, 거짓말하면 엄마가 너를 버릴 거라는 것도 모두 유치한 거짓말이었다. 엄마의 거짓말과 너의 거짓말 중 어떤 게 더 나쁜 거짓말인지는 엄마가 잘 알고 있으니 우리 이제 더 이상 거짓말은 하지 말자.

글 쓰는 아이 vs. 글 쓰는 엄마
: 불안을 줄이는 방법

중학교 2학년인 재우는 스트레스가 쌓이면 게임을 하면서
해소하고는 합니다. 그러나 엄마는 그런 아이를 이해하지 못
합니다. 게임 때문에 매번 부딪히는데 해결책은 없을까요?

요즘 10대들은 스트레스가 많다. 생업을 책임지고 어른으로
서 고군분투해야 하는 부모보다 어떤 면에서는 더 많이 스트
레스를 받는다. 학업 스트레스는 말할 것도 없고, 친구와의 관
계 문제나 이성 친구 고민, 연예인들에 대한 동경, 본인의 의지
와 관계없이 달라지는 신체의 변화 등, 어른들은 이해하기 어
렵고 이해할 수도 없는 스트레스가 산더미다. 그래서 부모는
아이가 스트레스를 해소할 수 있는 방법을 같이 고민해 줘야
한다.

부모가 아이의 스트레스를 이해하지 못하고 방치할 때, 아이
는 좋지 않은 방식으로 자신만의 해소 방법이나 회피, 탈출구

를 찾는다. 대표적인 것이 과도한 게임이나 동영상 시청이다. 요즘에는 게임도 3D급에 현란한 그래픽과 사운드까지, 그 재미에 현혹되지 않는 것이 이상할 정도다. 대부분 어른들도 꼼짝 못하게 하는 그 마력에 10대 아이들이 빠지지 않을 수 있을까?

내 아이는 열 살이 넘어가면서 모바일 게임과 동영상 시청에 조금씩 빠져들기 시작했다. 주위 친구들이 모두 하는 게임이니 혼자만 안 할 수도 없는 노릇. 팬데믹 때문에 집 안에 있는 시간이 늘어나면서 아이의 게임과 동영상 시청 시간은 더욱 쌓여 갔다. 엄마의 훈육과 잔소리로 아이의 새로운 취미를 방해하거나 금지하는 것은 효과가 없었다. 엄마가 무섭게 할수록 아이는 숨어서 게임을 하거나 거짓말로 대응하기 때문이다.

침대에 반쯤 누워 모바일 게임을 하고 있는 모습은 정말 꼴불견이었다. 내가 저런 아이를 지금까지 소중하게 키웠나 자괴감이 생길 정도였다. 아이를 위한 해결책이 필요했다. 구름 속 한 줄기 햇살 같은 아이디어는 아이가 낙서 같이 써 놓은 몇 개의 글을 보고 난 뒤 떠올랐다. 아이는 어릴 때부터 영화 <스타워즈>의 팬이었는데, 영화 외에 TV시리즈나 애니메이션도 매우 좋아했다. 노트북 메모장에 아이가 혼자 정리해 놓은 어느 <스타워즈> 애니메이션의 에피소드는 꽤 흥미진진했다. 화면에 나타난 애니메이션 줄거리를 아이가 캐릭터별로 나누어서 한 편의 단편 소설처럼 써 놓은 것이었다. 캐릭터 묘사도 좋았고, 대화나 지문을 표현한 것도 나쁘지 않았다. 무엇보다 그 글을 쓰면서 아이가 글쓰기에 매우 집중했을 것이라고 생각하니 내심 기뻤다.

나는 아이에게 조심스럽게 메모처럼 작성된 그 글을 소설로 만들어 보는 것을 권했다.

"엄마가 읽어 보니까 너무 재밌더라. 이걸 그대로 구석에 처박아 두기에는 아까워. 네가 본격적으로 글 쓰면서 이야기를 키우고 캐릭터들을 만들어 보는 것이 어떨까? 네 이야기가 한 권 분량으로 완성되면 엄마가 출판해 줄게!"

아이는 살짝 겁이 난 표정이었지만 싫다는 말 없이 혼자 생각에 잠겼다.

그렇게 소설 쓰기가 시작되었다. 그때 아이는 만 13세였다. 이른 봄에 시작된 글쓰기는 여름이 끝날 때쯤 초안이 마무리되었다. 그동안 나는 온라인으로 책을 출판해 줄 수 있는 대행 출판사를 찾았다. 처음이라 정보도 부족한데 캐나다에서 일을 진행하려니 겨우 연락이 닿은 한국 출판사와의 의사소통도 매우 더디게 흘러갔다. 그래도 어찌어찌 아이의 첫 소설책은 그해 가을 늦게 세상에 나왔고, 한국의 온라인 서점과 미국 아마존에 정식 등록되었다. 가장 중요한 결실은 아이의 성취감이었다. 무언가를 시작해 끝낼 수 있다는 스스로에 대한 자신감은 덤이었다. 중간에 포기할 뻔한 위기도 있었다. 학교 숙제나 시험이 우선이었고 남는 시간에 글을 썼기 때문이다. 그래도 아이는 글을 쓰기 위해 자연스럽게 게임을 줄이고 집필에 몰두했다. 책을 출판한 것도 중요한 결실이었지만, 엄마로서는 게임과 동영상 시청에 들이는 시간을 확 줄어든 것이 더 흡족했다.

2년이 지난 지금, 아이는 불안을 느끼거나 스트레스를 받는 일이 생기면 바로 노트북을 열고 글을 쓴다. 현재 두 번째 소설을 집필하고 있고, 아이의 말에 의하면 2/3 정도 완성되었다고 한다. 엄마의 제안에 의해 시작된 글쓰기지만, 글이 완성될 때까지 아이는 엄마에게 내용을 일부만 알려 준다. 첫 번째 글도 그랬고 지금 글도 그렇다. 내가 아는 것은 이번 글의 주인공이 탈북한 10대 소년이고 아주 드라마틱한 인생을 살게 되는 모험이 있다는 사실 정도일 뿐.

아이가 글을 쓰면서 스트레스를 관리하고 스스로 위로하는 것을 보고 나도 글쓰기에 도전하게 됐다. 그리고 내 아이처럼 우울하거나 허전할 때면 앉아서 글을 쓴다. 아이의 스트레스 해소법이 나에게까지 전파된 것이다. 아이와 글 쓰는 취미를 공유하면서부터 우리는 '초보 작가'끼리의 동지애도 생겼다. 캐릭터에 대해 이야기를 나누고, 좀 더 근사한 결말에 대해서 의견을 나눈다. 낙서처럼 끄적거린 아이의 글을 무심코 지나쳤다면 그냥 지나가 버렸을 대화다.

내 아이가 불안을 줄이는 방법은 우연히 찾은 글쓰기였지만, 다른 아이에게는 그것이 축구일 수도, 그림 그리기일 수도, 또한 영화 관람일 수도 있다. 모든 탈출구에는 엄마의 관찰과 지원이 필요하다. 평소 아이가 눈을 떼지 못하는 것이 무언지, 말은 안 해도 다른 것보다 좀 더 오래 만지고 관심을 보이던 것은 무언지 살펴보자. 취미가 없는 아이는 없다. 그저 부모가 함께 찾지 못했을 뿐이다. 공부가 인생의 전부라고 생각하는 부모가 아니라면, 아이의 정신적 육체적 건강을 위해 한 가지 정도는 취미를 같이 찾아 줘야 한다.

대부분의 아이들은 각자의 재능이 내재되어 있다. 부모가 성장 시기에 긴밀하게 눈여겨보고 관찰하지 않으면 스쳐 지나갈 수 있다. 아이가 하는 게임을 말리고 혼내는 시간에 새로운 취미를 같이 찾아 보도록 하자. 때로는 부모의 관점에서 찾은 사소한 발견이 내 아이의 인생에 지대한 영향을 미친다. 아이의 손을 잡고 영화관에 가고 미술 전시회를 가거나 책방에 가 보자. 아니면 한강 공원이라도. 누구도 알 수 없는 일이다. 아이가 한강 공원에서 만난 자전거 무리에 눈길을 주어 스트레스 해소를 위해 자전거를 타 보겠다고 할지도!

애들은 잘 때가 제일 예쁘다
: 엄마의 스트레스 해소법

> 고등학교 1학년 민혁 엄마는 하루 종일 아이 셋의 뒤치다꺼리를 하고 나면 매일 방전이 됩니다. 초·중·고생 아이들이 원하는 것도 다르고 챙길 것이 많아서 스트레스가 너무 많습니다. 이럴 때는 어떻게 해야 하나요?

아이가 아홉 살 때, 집에 놀러온 여동생에게 "우리 아들은 자는 모습이 제일 예쁘다"고 말한 적이 있다. 여동생은 "언니, 고딩도 잘 때는 천사같아. 애들은 다 잘 때가 제일 예쁘지"라며 짧은 한숨을 내쉬었다. 당시 조카는 고등학교 2학년이었는데, 다 큰 아이도 비슷하구나 생각했던 기억이 난다.

아이를 키우면서 쌓여 가는 스트레스는 엄마가 감당해야 할 의무다. 나의 경우를 비추어 보면, 특히 남자아이라 에너지가 많아서 움직임도 크고, 엄마 이야기는 흘려듣기 일쑤였다. 잊어버리는 것도 많고, 학교에서 가져오라는 준비물도 매번 까먹을 것이다. 숙제를 깜박해서 학교에서 혼나는 일도 종종 있을 것이다. 그럴 때마다 엄마들은 '다른 집 아들들도 이러나? 딸은 이렇지 않겠지?'하며 비교 아닌 비교도 시작할 것이다.

사실 자녀의 성별에 관계없이, 아이를 키우는 엄마라면 누구나 크고 작은 스트레스와 걱정이 일상이다. 그러니 그럴 때마다 자책하거나 누군가와 비교하며 자괴감에 빠질 필요가 없다. '내가 이러려고 결혼해서 아이를 낳았나' 한숨 쉬며 후회하는 일은 더더욱 해서는 안 될 일이다.

누군가의 엄마인 당신은 이미 열 달에 가까운 시간을 무거운 몸으로 버텼고, 출산의 통증을 이겨 냈으며, 출산 후 우울감도 잘 관리했다. 더 이상 엄마의 천사가 아닌 어딘가 달라진 아이 때문에 받는 스트레스는 자연스러운 것이고 누구나 비슷한 감정을 느끼는 문제들이다. 워킹맘은 워킹맘대로, 전업 엄마는 또 나름대로 다른 스트레스 때문에 힘들다. 힘들다는 마음이 드는 것은 숨기거나 죄책감을 느낄 일이 아니다. '엄마'의 스트레스는 어떻게 관리하고 돌봐야 할까?

우선 아이 친구의 엄마들을 너무 자주 만나지 말자. 또래 아이들을 키우고 같은 동네에 살면 서로 잘 이해하고 도울 일이 많을 것 같지만, 대부분의 경우 비슷하고도 다른 각자의 스트레스와 걱정이 그 엄마들을 만나면서 악화되거나 오히려 쌓이는 경우가 더 많다. 어차피 그들은 나에게 어떠한 해결책도 제공해 주지 못한다. 그저 동굴 속에서 메아리치는 현상만 되풀이될 뿐이다.

스트레스 해소를 위해서는 몸을 최대한 많이 움직이도록 한다. 그것이 동네 산책이든 헬스장 운동이든 줌바댄스이든, 내 몸의 머리부터 발끝까지 큰 동작으로 움직이다 보면, 아이 때문에 들어온 스트레스가 많이 사라진다. 몸을 움직이며 쓰는 에너지는 크고 작은 걱정과 나를 잠식하게 만드는 스트레스를 증발시킨다.

그리고 가능하다면 나만의 취미도 꼭 만들자. 아이가 주는 스트레스를 곱씹는 것은 대부분 내 머리에 그 걱정들을 담고 있는 시간이 너무 많다는 뜻이기도 하다. 내 머리와 가슴, 열정을 사용할 곳을 따로 찾아야 한다. 도서관에 가서 책을 읽는 것도 좋고, 악기를 새로 배워 보는 것도 좋다. 뜨개질이나 십자수 같이 모든 신경을 집중하는 만들기는 아이 문제에서 벗어날 수 있는 아주 좋은 방법 중의 하나다. 취미 하나 만들지 못하는 사람은 없다. 그저 의지와 시도가 없었을 뿐이다. 엄마들과의 독서 모임과 악기 동호회는 많은 도움이 된다.

아이와의 일상이 매일 행복하고 즐거울 수는 없다. 엄마도 사람이기에 이기적인 마음이 먼저 들기도 하고 아이가 귀찮기도, 밉기도 하다. 그건 매우 자연스러운 인간적 감정이다. 엄마로서 최선의 노력은 그 부정적인 감정과 생각이 너무 오래 머물지 않도록 잘 비우고, 다시 긍정적인 에너지로 채우는 일이다.

아이가 사춘기를 겪는 시기가 오면 엄마의 스트레스는 강도가 더 올라간다. 신생아나 유아일 때는 조금만 더 크면 내가 먹고 싶은 것 먹고 싶을 때 먹는 기본적인 자유가 다시 찾아올 것이라 생각했으나 그것도 아니다. 모든 것이 아이 위주로 돌아가다 보니 내 일거수일투족에 자유는 없다. 심지어 아이와 의사소통도 예전 같지 않고, 엄마 말을 귀 담아 듣지 않는 아이에게 서운하다. 잘못된 것을 혼내는 것조차 어릴 때보다 몇 배는 힘들다. 실제로 이 시기에 엄마가 우울증을 겪는 경우도 여러 번 주위에서 봤다. 스스로 부족한 엄마라고 마음 한편이 불편해지는 시기가 온다. 누구나 다 겪는 과정이며, 엄마가 더 엄마다워지는 그 다음 단계로 나아가기 위한 시험이다.

어차피 애들은 잘 때가 제일 예쁘다. 그러니 아이가 자는 동안 엄마의 스트레스도 최대한 비우도록 노력하면 된다. 다시 아이가 눈을 뜨면 영점에서 또 다른 스트레스를 쌓이겠지만 쌓이고 지우고를 반복하다 보면 아이는 많이 커져 있을 것이다.

이런 저런 스트레스 해소법을 실행하다 보면 아이가 잠잘 때나 깨어 있을 때, 또 사춘기나 대학 입시 때도 엄마는 자신의 스트레스를 잘 관리할 수 있게 될 것이다. 아이가 자라는 만큼, 엄마도 함께 자란다. 인내하고 이해하려는 노력이 쌓이면 더 어려운 상황에 닥쳐도 엄마는 이겨낼 수 있을 것이다.

아빠니까 불안해
: 아들 아빠로 살아남기

> 요즘은 엄마 뿐 아니라 아빠도 육아에 적극적인데, 사춘기 아이를 키우면서 아빠의 역할은 어떤 것이 있는지 궁금합니다. 아이와 아빠 관계가 나쁜 경우도 있다고 하던데 그런 경험은 없었나요?

내가 엄마 될 준비가 안 되었던 것처럼 남편도 '아빠'가 될 준비를 미리 하지 못한 채 아빠가 되었다. 15년이 지난 지금, 아들 키우는 데 남편의 도움과 역할이 절대적이었음을 고백한다. 남편이 아니었다면 나는 '나쁜 엄마'에 가까운 사람이었을 것이다. 아이 교육과 양육에서 엄마와 아빠의 역할이 반반이라고 보면, 둘의 성향과 노력에 따라 50:50은 50+50=100이 될 수 있고 50-50=0이 될 수도 있다. 또한 가장 이상적인 50x50=2,500이 될 가능성도 생긴다.

아이를 키울 때 아빠 역할은 매우 중요하다. 특히 아들의 경우에는 더욱 그렇다. 개인적으로 나의 경우에 비추어 보면 아빠 역할이 7할 이상이라고 말할 수 있을 정도다. 아들을 더 잘 이해하고 심리적인 안정감을 주며 격려하는 것은 동성인 아빠가 더 잘 해내는 경우가 많았기 때문이다. 아들을 키우면서 남편과는 거의 매일 대화를 하고 부모 역할에 대한 토론도 수없이 벌였지만, 나는 아들 아빠로서 가지고 있는 그의 평소 생각이 궁금해졌다. 나에게 말하지 못한 이야기가 있지는 않을까. 아니면 나와 다른 생각을 가지고 있는데 숨기고 있는 것인가. 직접 질문을 정리해서 남편에게 인터뷰를 시도했다.

Q1. 사춘기 아들을 키우면서 가장 어려운 점은 무엇인가요?

  : 나와 아들의 공통 관심사가 점점 줄어들면서 그로 인해 대화가 줄어드는 상황이 아빠 입장에서는 가장 힘든 일이었어요. 아이가 어렸을 때는 매일 많은 이야기를 나눴거든요. 요즘은 아들의 어린 시절이 매우 그리워요. 나중에 후회하거나 너무 그리워하지 않으려면 아이가 어렸을 때 최대한 많은 시간을 보내야 해요.

Q2. 당신이 어렸을 때 아버지는 어떤 분이셨나요?

: 우리 세대 아버지들이 그렇듯, 내 아버지도 매우 보수적
이고 권위적이었어요. 그래서 성장하면서 아버지와 대화
가 거의 없었고 어떤 이야기를 나눴는지 잘 기억도 안 나
네요. 나는 나중에 아이가 생기면 절대 권위적인 아버지는
되지 않겠다고 늘 마음먹었어요. 사춘기가 진행 중인 아들
을 보며 아직도 매일 스스로 내가 생각하는 이상적인 아
버지가 되겠다고 되뇌곤 합니다.

Q3. 아버지에게서 배운 아버지의 역할은 무엇인가요?

: 아버지에게서 책임감이 강한 가장의 모습을 배웠어요. 저
는 아들 한 명을 키우고 있지만 4남매였던 우리 집은 경제
적으로 여유가 없었어요. 그래도 아버지는 자식들의 교육
만큼은 끝까지 책임지셨죠. 그 부분에 대해서 매우 감사하
다고 생각합니다.

Q4 . 아들이 다시 세 살이 된다면 바꾸고 싶은 본인의 잘못이
나 실수가 있나요?

: 아들이 어렸을 때 딱 한 번 술에 취한 모습을 보여 준 적이

있어요. 그때 아내가 해외 출장을 갔었는데, 그날의 기억이 아직도 아들에게 남아 있는 것 같아 마음이 아파요. 아빠가 늘 완벽한 사람일 수는 없지만, 유년기 기억이 오래 가는 만큼 아이 앞에서는 모든 행동과 말을 조심하고 신중해야 했는데 말이죠. 아이가 보고 듣고 배우는 대상이니만큼 최대한 바르고 소신 있게 살기 위해 노력합니다.

Q5. 아들 아빠로서 스스로 칭찬해 주고 싶은 부분이 있다면?

: 아이가 말을 하기 시작할 때부터 꾸준히 아들과 대화하고, 아들이 좋아하는 관심 분야를 늘 지지해 주면서 나도 관심 가지려고 노력한 점이요. 아마도 내가 어렸을 때 아버지로부터 받아 보지 못했던 관심에 대한 보상 심리에서 나온 행동이었겠죠.

아들이 잠들기 전에 책을 늘 읽어 주며 아빠의 목소리가 친근해지도록 노력했어요. 아이가 돌 지나고부터 초등학교 6학년까지 특별한 일이 없는 한 매일 밤 아이 옆에 누워서 아이가 잠든 후 10분까지 책을 읽어 주었어요. 이런 노력 덕분에 아들이 정서적으로 아빠에 대한 깊은 친근감을 느낄 수 있게 된 것 같아요. 사춘기가 되어서도 나를 친

구 같은 아빠로 생각하는 편이고요

Q6. 요즘 세대 기준에서 아들을 잘 키우기 위해 필요하다고 생각하는 아빠의 자질은 무엇인가요?

: 기본적으로 아들에 대한 믿음을 가지고 있어야 합니다. 저는 도덕적인 면은 물론 학습 관련해서도 아이가 하겠다는 것이나 의견은 일단 믿어 주는 편입니다. 혹시 그 결과가 부족하더라도 응원해 주고요. 아빠가 언제나 한결같이 아들을 믿어 주면 그것이 궁극적으로 아들의 성실함과 노력의 근본이 될 것이라고 생각해요. 아빠는 '믿어 주는 사람'입니다.

Q7. 사춘기 아들에게 미래를 위해 인생 선배로서 전달하고 싶은 조언이 있다면?

: 아들아, 아빠는 네가 하고 싶은 일을 하며 그 일에 대해 보람과 행복함을 느낄 수 있다면 네가 하는 모든 일을 지지하고 응원한다. 자신이 무엇을 해야 할지 알고 그것을 목표로 노력하는 사람이 되길 바란다. 많은 실패와 좌절을 통해 극복해 나가는 법을 스스로 터득하면서 더 성숙해지

고 강해지는 것이 인생이란다.

Q8. 아들 아빠로서 불안감을 느낀 적은 없는지, 있다면 어떻게
이겨 냈는지?

： 요즘은 모든 주위 환경이 위험하고 자극적인 것 투성이라,
   사실 아들이 태어나서 말을 시작했을 때부터 늘 불안했어
   요. 유튜브에서 쏟아져 나오는 콘텐츠도 모두 내가 성장
   하던 시절에는 상상하지 못했던 수준이고, 어른인 나도 익
   숙하지 않은 최신 기술과 플랫폼 등이 쏟아지는데 아이가
   혹시나 나쁜 영향을 받지는 않을지, 그것이 아이의 행동과
   일상을 방해하지 않을지 걱정이 많았어요. 문제는 내가 통
   제할 수 없는 부분까지 아이가 노출될 수밖에 없다는 것
   이었죠. 상황을 이겨 내려 하기보다는 진행형이라고 생각
   하고 최대한 아이와 투명하게 공유하고 아이의 선택을 믿
   는 것이 아빠가 할 수 있는 최선이라고 생각합니다.

'아들 엄마' 가이드
(아들 엄마 100명에게 물었습니다)

아들 엄마들은 모두 비슷한 고민을 하고 있을까요? 주위에 보면 내 아들만 말 안 듣고 속 썩이는 것 같아 매번 스트레스예요. 다른 아들 엄마들 생각이 궁금해요.

아이들의 성격은 성별과 상관없이 제각각 다르지만, 그것과는 또 별개로 '아들 엄마'여서 생기는 공통점과 차이점이 분명히 있는 것 같다.

'아들 엄마는 어딘가 좀 다르다.'

실제로 엄마들끼리 종종 주고받는 말이다. 얌전하던 여자도 아들 엄마가 되면 목소리가 커지고 잔소리도 잦아지며 터프하게 변하더라는 자조적인 말도 있을 정도니까. 내가 이 책을 쓰게 된 동기 중 하나도 이것과 관련되어 있다. 내가 아들을 키우면서 목소리 큰 엄마가 되었다면, 아들 엄마한테만 있는 특징이나 공통점은 뭐가 있는지 궁금했다. 그리고 다른 아들 엄마들도 나와 비슷한 고민과 걱정이 있는지도.

　아들을 둔 엄마 100명을 대상으로 아래와 같은 설문 조사를 진행했다. 주로 현재 사춘기를 지나고 있거나 이미 겪은 선배 엄마들이 설문에 참여했다. 선택형 문항도 있지만 대부분의 질문은 자세한 답변을 받기 위해 주관식으로 만들었다. 이어지는 내용은 주요 질문에 대한 답변을 정리한 것이다. 이들의 이야기를 통해 아들을 키우는 데 조금이나마 도움이 되기를 바란다.

1. 아들 연령대를 알려 주세요.

2. 아들이 다니고 있거나, 다녔던 학교 시스템은 다음 중 어떤 형태인가요?

3. 사춘기가 지나고 나서 후회되거나 바꾸고 싶은 육아 노하우가 있나요?

4. 아들이 사춘기를 보내고 있거나 보낸 경우, 어떤 점이 가장 어려웠나요?

5. 아들과의 공감대를 넓히거나 의사소통을 위해 시도했던 방법 중
　 가장 효과 있던 것은 무엇인가요?

6. 아들의 장래 희망은 무엇인가요? (직업이나 학교 전공 기준)

7. 아들을 키우면서 가장 후회되는 일은 어떤 것인가요?

8. '아들 엄마'에게 가장 필요한 자질은 무엇이라고 생각하나요?

9. 학습적인 부분에서 가장 어려웠던 것은 어떤 내용인가요?
　 (예: 과목, 태도, 시험 성적, 학교 생활 등)

10. 나만의 아들 잘 키우기 노하우가 있다면 어떤 것인가요?

사춘기가 지나고 나서 후회되거나 바꾸고 싶은 육아 노하우가 있나요?

: 대부분의 아들 엄마들은 만약 아들이 유아기로 돌아간다면 '책을 더 많이 읽어 주고 사랑한다는 표현을 더 많이 하겠다'고 답변했다. 그 외에 일상 습관 잡아 주기, 너무 혼내지 않기 등의 의견도 있었지만, 엄마들은 아들이 어렸을 때 직접 책을 읽어 주거나 안아 주고 애정 표현하는 것을 충분히 해 주지 못한 경험을 후회하고 있었다.

아이가 커 갈수록 독서의 중요성을 느끼고, 눈 깜짝할 사이에 자라는 아들에게 마음으로 더 다가가지 못한 아쉬움을 가지고 있는 엄마가 많은 것을 알 수 있다. 선배 엄마들의 이런 의견을 참고해 아들 키우는 데 반영하면 큰 도움이 될 것이다.

아들과의 공감대를 넓히거나 의사소통을 위해 시도했던 방법 중 가장 효과 있던 것은 무엇인가요?

: 엄마들 모두 나름대로의 노력을 하고 있고 가족마다 조금씩 다른 방법으로 효과를 보고 있었지만, 가장 많은 의견은 '아들이 좋아하는 주제에 대해 엄마가 관심을 가지고

대화하는 것'이었다. 아들이 좋아하는 게임이나 책, 연예인에 대해서 엄마가 알아보고 자연스럽게 대화의 주제로 삼는 것이 엄마들의 공통된 육아 노하우였다. 혹은 맛있는 음식을 같이 먹으며 소소한 일상을 나눈다는 의견도 많았다. 결국 아들을 가장 잘 이해할 수 있는 사람은 엄마다. 아들의 관점에서 기분 좋은 상황을 만들어 '엄마 대 아들'보다는 '인간 대 인간'으로 아들을 존중해 주는 엄마가 된다면 아이가 사춘기가 되어도 대화를 잘 이끌어 갈 수 있다.

'아들 엄마'에게 가장 필요한 자질은 무엇이라고 생각하나요?

: 엄마들이 가장 많이 선택한 '아들 엄마'의 자질은 '인내심, 이해심, 긍정적 마인드'였다. 아들은 엄마의 기대에 비해 느리게 성장하고, 엄마와 성별도 다른, 완전히 또 다른 사람이므로 더 많은 이해심을 필요로 하는 것이 아닐까 싶다. 또한 엄마가 긍정적인 생각을 먼저 가지고 바라봐야 아들을 더 잘 이해하고 올바른 방향으로 양육할 수 있을 것이라 생각하는 엄마들이 많다는 것을 알 수 있다. 그 외에도 '체력', '의사소통 능력', '유머 감각' 등을 아들 엄마의 자질로 꼽았다.

나만의 아들 잘 키우기 노하우가 있다면 어떤 것인가요?

： 이 질문에 대한 엄마들의 답변은 매우 다양했다. 아마도 아들 엄마들은 각자의 경험, 실패와 성공을 통해 각자 터득한 지혜가 있는 것 같다. 그중 눈에 띄는 답변을 소개하자면 다음과 같다.

– 여행을 같이 가요.

– 자식은 부모의 거울이다. 나부터 잘하자.

– 기다려 주고 최소 열 번은 말한다.

– 많이 사랑해 주고 사춘기부터 내버려 두기.

– 친구 같은 부모는 없다는 것. 부모의 권위를 잘 지킨 것.

– 힘들고 어려워도 누구나 하는 거라면 너도 그냥 해야 된다 말했더니 뭔가 아직까진 힘들거나 어려워하는 일은 없어요.

– 신나게 놀아 준 게 제일 잘한 일 같아요.

– 저희 아들은 어렸을 때부터 집안일을 잘하는 편입니다. 초등학교 이후 밥 먹은 그릇 설거지도 아들이 다 하고, 그날 점심 도시락도 직접 설거지하고, 빨래와 화장실 청소, 그리고 쓰레기 버리는 것들을 정말 잘해요. 주변에 보면

또래 아이들 중에는 집안일을 전혀 하지 않는 친구들도 있는데 저희 아이들은 집안일을 적극적으로 도와주는 편입니다. 물론 제가 이야기하고 시키기도 하지만요.

설문지 결과를 보면, 우선 부모가 모범적인 모습을 보이고, 기본적인 부모의 권위를 지키면서도 아들에게 최대한 친근하게 다가가고 마음을 먼저 여는 것이 중요하다고 입을 모으고 있다. 친구 같은 부모는 사실 양육에 그리 도움이 되지 않는다. 삶의 기본 규칙을 알려 주고, 인생의 지침이 되는 부모여야 한다. 아이를 친구같이 대한다면 그 아이가 잘못을 저질렀을 때 어른으로서 옳은 판단을 해 주고 고쳐 줄 역할을 할 수가 없다. 일종의 직무 유기다. 그래서 아들 엄마에게 동시에 필요한 것이 인내심과 이해심이다. 아이가 잘못된 행동을 하면 어느 정도까지 기다려 주고 이해할 것인지는 엄마의 몫이고 판단이지만, 선배 엄마들은 지나고 보니 좀 더 인내하고 이해했어야 한다고 말한다.

당신은 어떤 아들 엄마인가? 설문지에 참여한 엄마들과 비슷한가, 아니면 완전 다른 모습인가. 모든 엄마들은 아들을 잘 키우고 싶다고 생각하지만 어쩔 수 없이 무수한 시행착오를 거친다. 그러는 과정에서 깨닫고 후회하고 배운다. 아이를 키우는 것이 어려운 이유는 정답이 없고, 모든 아이가 다른 성향과 기질을 가지고 있기 때문이다. 설문지에 답을 적으며 아마도 엄마들은 과거와 현재의 모습들을 떠올렸을 것이다. 또한 다른 아들 엄마들이 비슷한 실수와 후회를 하지 않기를 바랐을 것이다.

우리는 모두 선배들에게서 배운다. 위의 내용 중 따라하고 싶은 것도 있을 것이고 나는 저렇게 하지 말아야겠다는 내용도 있을 것이다. 하지만 모든 아들은 다 다른 모습이기 때문에, 나보다 먼저 아들을 키운 엄마들의 이야기에서 최대한 내가 참고할 것들만 챙기면 된다. 가장 중요한 것은 내 아들을 조금 떨어진 거리에서 바라보면서 이해해 보려는 노력이다. 세상에서 가장 어려운 일 중 하나가 자식을 객관적으로 보는 것이지만 말이다.

굿 마더 vs. 배드 마더
: 불안해도 괜찮아

아이만 둘인 지성 엄마는 아이들의 장점으로 즐거울 때도 있지만 이런 저런 단점 때문에 속상할 때가 많습니다. 게다가 요즘 세상이 무서워 아이들에게 나쁜 일이 일어나지 않을까, 학교 폭력 피해자가 되면 어떡하나, 공부는 어떻게 시켜야 하나 등 늘 걱정도 앞섭니다. 이런 불안한 엄마, 저 혼자인가요?

근사하다고 생각하는 문구가 있다. "Good girls go to heaven. Bad girls go everywhere." 직역하면 '착한 여자들은 천국에 가고 나쁜 여자들은 어디든지 갈 수 있다'라는 뜻이지만, 좀 더 해석해 보면 '착하고 모범적인 여자들은 천국밖에 못 가지만 주도적이고 개성 강한 여자들은 본인이 원하는 것을 얻을 수 있다'라는 의미로 볼 수 있다. 1997년에 미국에서 발간된 여성들을 위한 자기 계발서의 제목이기도 한 이 문장에서 니는 엄마의 역할과 가치에 대해 생각했다. 우리가 말하는 '좋은 엄마', '나쁜 엄마'는 도대체 또 어떤 엄마인가. 좋고 나쁨과 잘하거나 못하는 것을 누가 어떻게 구분할까. 아직 열다섯 살 아이를 양육하는 중인 나 또한 그에 대한 답을 온전하게 찾지 못했다. 그러나 최소한 '하면 안 되는 것' 또는 '하면 도움되는 것' 정도는 희미하게나마 아는 단계에 접어들었다.

'좋은 엄마'는 엄마가 속한 커뮤니티의 성격에 따라 과학고나 영재 학교, 명문 대학교에 자녀를 입학시킨 엄마이기도 하고, 아픈 자식을 정성스럽게 희생하며 돌보는 엄마이기도 하다. 때로는 매일 아침 메뉴를 바꿔 가며 도시락을 싸서 보내는 엄마, 아이에게 절대로 화를 내지 않는 '참을 忍(인)' 천 개를 쓰는 엄마이기도 하다. 이 기준으로 보면 나는 '좋은 엄마'보다는 '나쁜 엄마' 쪽에 가깝다. 아이를 명문 학교에 입학시키지도 않았고, 아이가 감기에 걸리면 그저 해열제 정도 먹였다. 그리고 도시락을 싸 가야 했던 캐나다에서는 학교에서 파는 점심을 먹으라고 주문해 줬으며, 나의 컨디션이나 기분에 따라 참지 못하고 아이에게 짜증이나 화를 낼 때도 많았다.

그렇다고 내가 스스로를 '나쁜 엄마'라고 생각해 본 적은 없다. 15년간 한 아이를 키운 나를 어떠한 엄마로 정의 내린다면, 현 시점 기준으로 '부족하지만 반성하고 나아지려는 엄마'다. 3년여 전부터 사춘기를 만난 아이와 일상을 함께하면서 엄마로서 나를 돌아보고 반성할 일이 자주 있었고, 그때마다 '도대체 무엇이 문제인가'와 '어떻게 하면 나쁜 엄마가 되지 않을 수 있나'에 대해 많이 고민했다. 인생의 모든 일이 그렇듯, 자녀를 키우는 데도 정답은 없다. 나는 그저, 아이를 잘 키우고 싶은 불안한 엄마였을 뿐이다.

시대가 달라지면서 엄마의 역할이 가감되거나 재정의된다 해도, 엄마라는 사람은 아이의 시작이자 끝인 동시에, 안식처나 비상구가 되어야 한다. 비슷한 의미에서 사춘기 자녀에게도 엄마는 심리 상담 선생님의 역할에서부터 단골 밥집 이모, 아이돌 매니저 등처럼 매우 다양한 역할들을 수행해야 한다. 매일 밥해서 먹이는 것도 힘든데 그 많은 일들을 다 어떻게 하느냐고 반문할 수 있다. 실제로 그런 일들을 하라는 것이 아니라 그 정도의 지원을 해 줄 마음과 태도의 준비를 갖춰야 한다는 뜻이다.

사춘기 아이들은 말이 없다. 특히 아들은 말이 많던 아이도 변성기가 오고 사춘기에 접어들면 말수가 확 줄어든다. 그 변화의 시점이 오면 대부분의 엄마는 자꾸 아들에게 말을 건다. 심지어 개방형 질문이 아니라 듣고 싶은 답이 정해져 있는 폐쇄형 질문을 던진다. 엄마가 질문에 질문을 보태면 그 상황을 벗어나고 싶은 아들은 어쩔 수 없이 억지로 말을 하거나 아예 입을 닫아 버리기도 한다. 만약 엄마가 심리 상담 선생님이라면 억지로 아이에게 말을 걸거나 대답을 요구하지 않을 것이다. 아이가 말할 준비가 되고 말하고 싶어 할 때까지 기다려 줄 것이다. 나는 상담가는 아니지만 스스로 상담가처럼 되고자 규칙을 정했다.

'아이가 말할 준비가 될 때까지 다그치듯 질문하지 말 것.'

'아이에게 궁금한 것이 있으면 개방형 질문을 할 것.'

'아이가 말을 시작하면 '그랬구나'로 시작하며 더 말을 끌어내려고 할 것.'

어떤 엄마들은 '나는 집에서 식당 아줌마 같다'고 서운해 하며 스스로를 연민의 눈으로 바라본다. 아이가 엄마가 해 준 밥만 먹고 대화도 없이 방으로 쑥 들어가 버리면 그런 생각이 들 수도 있다. 하지만 사춘기의 아이가 엄마들은 아이가 맛있게 잘 먹고 제 방으로 들어가면 밥집 이모가 식사를 끝낸 손님이 가게를 나갈 때처럼 감사 인사를 전할 수 있는 마음가짐이 있어야 한다. 나 역시 아이가 밥 먹고 나서 말없이 제 방으로 들어가면 살짝 화가 나기도 하고 아쉽다. 밥 먹으며 더 이야기 나누고 싶고 궁금한 것도 많은데, 무뚝뚝한 내 아이는 엄마와의 대화에 별 관심이 없다. 그럴 때면 나는 마주앉은 식탁에서 혼잣

말을 한다.

"아들이 엄마가 만든 밥 맛있게 먹으니 기분이 좋구만."

"요즘 갈치가 철이라서 반찬 만들었어."

"우리 아들은 소고기 미역국을 역시 잘 먹는구나."

아이는 듣는 둥 마는 둥이지만 나는 아무도 묻지 않은 내 이야기를 꺼내 놓는다. 단골 밥집 이모님이 그러듯이.

마지막으로 아이돌 매니저처럼 아이의 스케줄을 관리해 주고 운전을 해 준다. 필요하면 간식과 음료수, 필요한 물건들을 신속하게 챙겨 주는 역할도 엄마가 하는 중요한 업무다. 매니저 없이 연예 활동하는 아이돌은 상상할 수 없다. 엔터테인먼트 회사에서 일할 때 아이돌 옆에서 그림자처럼 손발이 되어 챙겨 주는 매니저들을 많이 봤다. 그들은 아이돌이 무엇을 필요로 하는지 알고 미리 움직인다. 생각보다 매니저들은 말을 많이 하지 않는다. 그러나 24시간 자신이 담당하는 아이돌을 위해 대기한다. 때로는 아이돌의 불평이 나올 때도 있다. 그러나 매니저는 거기에 일희일비 반응하지 않는다. 연습, 방송, 녹음, 촬영 등 모든 일들이 스트레스의 연속이고, 성공하기 위해서는 반드시 겪어야 하는 과정임을 알고 있기 때문이다. 그리고 아이돌의 성공과 실패를 묵묵히 함께 나눈다. 사춘기 아이들이 엄마에게 고맙다고 말 한마디 없이 짜증을 내거나 늘 핸드폰만 들여다보고 있더라도 우리는 매니저처럼 옆에서 챙겨 주며 아이들의 성장을 지켜봐야 한다. 그 모든 것이 아이가 어른이 되어 가는 과정이므로.

나는 평생을 성실하고 모범적이며 원칙에 맞게 살기 위해 열심히 살았다. 학교나 회사에서는 어느 정도 나의 성실함과 노력이 통했다. 사람은 배신해도 일은 배신하지 않는다던데, 틀린 말이 아니었다. 하지만 엄마로서는 그 기준이 통하지 않을 때가 더 많았다. 내가 성심성의껏 아이를 돌봐도 아이는 예측하지 못한 행동을 해서 나를 당황하게 만들었다. 원칙에 맞게 아이를 훈육하려 할 때마다 생각지 못한 반응으로 내 원칙을 흔들어 놓았다. 게다가 아이는 엄마의 사랑과 관심을 인정하지 않는 경우가 많았다. 내 노력과는 별개로, 아이가 엄마는 노력하지 않고 달라지지 않는다고 여기면 곧 갈등이 시작되었다.

세상이 미리 정해 놓은 잣대와 논리로 엄마들을 평가하고 비판할 수는 없지만, '하지 않았으면 좋을' 말과 행동들은 많다. 그래서 좋은 엄마로 인정받기 위해서가 아니라, 자기 주관 대로 하되 때로는 부족하더라도 아이와 함께 원하는 것을 얻기 위해 계속 노력하고 도전하는 엄마가 되는 일이 더 중요할 것이다. 출산 후부터 지금까지 아이를 어떻게 키우고 돌보고 지도해야 하는지 아무도 가르쳐 주지 않았다. 그저 '사랑해 주면 된다', '사춘기 아이는 내버려 두면 된다', 내지는 '애들은 때가 되면 철든다' 등의 애매한 조언만 들었을 뿐이다. 나는 나와 내 아이에게 맞는 '아이 잘 키우는 방법'을 찾고자 노력했고 지금도 현재 진행형이다. 나는 매일 다르게 노력하는 좋은 엄마가 되고 싶다. 조금 불안하면 어떤가. 불안해도 괜찮다. 그러니 앞에서 소개한 문구를 다음과 같이 바꿔 보고 싶다.

"Good moms make kids go to IVY league schools. Bad moms go everywhere with their kids."

"좋은 엄마들은 자녀들을 아이비 리그 대학으로 보내고, 부족하지만 노력하는 엄마들은 아이들과 함께 원하는 것을 얻는다."

에필로그 좋은 엄마가 된다는 것

　나는 아이를 좋아하는 사람이 아니었다. 내 인생의 목표도 좋은 엄마가 되는 것이 아니었다. 하지만 나는 엄마가 되었고, 엄마가 된다는 것은 쉽고도 어려웠다. 세상은 엄마에게 요구한다. 최선을 다해 아이를 잘 키울 것을. 그래서 아이를 잘 키우지 못하면 그 엄마는 자신의 인생이 실패했다고 느낀다. 아이가 하나라면 엄마의 성공률은 0%가 된다. 그 누구도 0%의 확률에 인생을 걸지 않는다. 그러나 엄마는 아이에게 모든 것을 걸 수 있다.

　모든 엄마들이 그렇게 말한다. "다시 기회가 주어진다면 정말 잘 키울 수 있을 것 같아." 하지만 그런 기회는 다시 주어지지 않는다. 엄마들에게는 자녀 한 명당 단 한 번의 기회만 있을 뿐이다. 이 책은 자녀를 성공적으로 키우는 것에 대한 이야기가 아니다. 그저, '엄마'라는 단 한 사람이 세상을 바꿀 수도, 바꾸지 않을 수도 있다는 선택과 기회에 대한 이야기다. 그리고 좌절에 대한 이야기다.

또한 희망에 대한 이야기다. 그리고 가르침과 배움의 중요성에 대한 이야기다. 내 아이를 어떤 어른으로 키우고 싶은지 질문을 던지는 책이며, 내가 아이라면 어떤 엄마가 필요하겠는가에 대한 답을 고민하게 만드는 책이다. '좋은 엄마'가 되는 법이나 규칙은 세상에 존재하지 않는다. 그래서 더 어렵다. 세상 누구나 '좋은 엄마'가 어떤 것인지에 대해 실컷 말할 수 있다. 그러나 아무도 내가 '좋은 엄마'라고 감히 말할 수 없다.

이 책은, 아이를 멋지게 키우고 싶은 엄마들을 위한 위로와 격려다. 글을 쓰면서 나는 스스로 위로받고 힘을 얻었다. 그리고 내가 '나쁜 엄마'가 아니라고 말할 수 있게 되었다.

2024년, 귤 꽃 향기가 피어오르는 제주도에서
채은